近世武家史料抄

北原章男 編

八千代出版

目次

一　豊臣家五大老連署条目
文禄四年八月三日……1
二　豊臣家五大老連署条目追加
文禄四年八月三日……3
三　諸大名連判条々
慶長十六年四月十六日……5
四　武家諸法度
寛永十二年六月廿一日……6
五　口上之覚　殉死
寛文三年五月廿三日……9
六　武家諸法度
天和三年七月廿五日……10
七　諸大名参勤従者幷隠居料覚
正徳二年四月……13
八　諸大名参勤従者之覚
享保六年十月……14
九　諸士法度
寛永十二年十二月十二日……17
一〇　諸士法度（抜粋）養子
寛文三年八月五日……21
一一　禁中幷公家諸法度
慶長廿年七月十七日……23
一二　老中職務定則
寛永十一年三月三日……27

一三　若年寄職務定則
寛永十一年三月三日……29
一四　殿中刃傷一件
貞享元年八月廿八日……31
一五　御用部屋一件……32
一六　側用人勤方……34
一七　大目付勤方規定
寛永九年十二月十八日……36
一八　大目付勤方規定
寛永九年十二月廿五日……38
一九　老中幷諸役人月番ノ始及分職庶務
取扱日定則
寛永十二年十一月十四日……39
二〇　毎月九日可弁達事務ノ定
寛永七年正月……43
二一　御老中支配
延享元年六月……45
二二　若年寄支配
延享元年六月……46
二三　当時殿中席書
延享元年六月……49
二四　公事裁許役人起請文前書
慶長十九年二月十四日……56
二五　起請文前書
万治二年三月四日……58
二六　御評定所張紙
寛永十二年十二月二日……60
二七　公事裁許定
寛永十年八月十三日……62

二八　御番衆条目
寛永元年八月十一日……65
二九　御番衆へ御条目
寛永九年五月七日……66
三〇　御番衆へ被仰渡覚
元禄七年七月十八日……67
三一　大御番衆へ被仰渡覚
寛永十七年正月十三日……68
三二　御番衆へ被仰渡覚
寛文七年十一月……70
三三　大御番衆道中之作法覚両通
明暦二年四月四日・朔日……73
三四　大御番衆在番中作法
万治二年四月廿七日……79
三五　御番入之事
万治元年六月廿五日……80
三六　諸番士登庸之覚
享保六年十一月十八日……81
三七　御坊主衆へ御掟
万治二年九月五日……83
三八　奥坊主衆御条目
万治二年九月五日……85
三九　殿中御条目
慶長十年八月十日……88
四〇　殿中禁令条目
元和九年五月十日……90
四一　殿中禁令条目
寛永元年五月廿五日……91

四二　諸大名御家人群参登城供人之事
寛永二十年十月四日……93
四三　御家人登城刻限之事
寛永二十一年十月八日……94
四四　御旗本中常式供人定
寛永五年二月十一日……95
四五　下馬ヨリ下乗橋迄召列人数之覚
元禄十二年閏九月十日……97
四六　役料之定
寛文六年七月廿一日……100
四七　足高役料之定
享保八年六月十八日……101
四八　跡目相続御定
寛永十九年十月三日……106
四九　跡目幷養子覚
寛文八年六月……108
五〇　年増妾腹男子養子願
宝暦三年十月……109
五一　御目見以下より養子相願
宝暦十年五月……110
五二　庶子御目見幷養子覚
元禄十三年十一月九日……111
五三　分家本家相続之条々
正徳六（享保元）年閏二月廿七日……112
五四　小普請金取立之事
元禄三年十一月……114
五五　殿中表奥之事……119
五六　殿中名称之事……124

五七　御奥方御条目
万治二年九月五日……126
五八　大奥女中衆之事……130
五九　諸大名証人之事
正保四年四月十九日……134
六〇　軍役人数割
寛永十年二月十六、十九日……138
六一　公卿館伴仰付
元禄十四年二月四日……142
六二　国巡見就被仰付御触
寛文七年閏二月十八日……143
六三　諸国巡見使覚弁被仰渡覚
寛文七年閏二月十八日……145
六四　浦々巡見使覚弁仰渡覚
寛文七年閏二月十八日……148
六五　福島正則改易一件
元和五年六月二日……151
六六　加藤忠広改易一件
寛永九年六月朔日……153
六七　柳川一件
寛永十二年三月十一、十二日……154
六八　越後騒動一件
天和元（延宝九）年六月廿一日……155
六九　武家官位御礼銭覚……158
七〇　寛永諸家系図伝序
寛永二十年九月吉日……163
七一　松平信綱譜（抄）……165
七二　寛政重修諸家譜　序……167
七三　松平定信譜（抄）……172
七四　御実紀成書例（抄）……174

七五　大猷院殿御実紀巻二（抄）……177
七六　大猷院殿御実紀附録巻一（抄）……180
七七　赤穂探索書
元禄三年……182
七八　江戸風聞書
安政五年六月……184
七九　伊達綱村宛領知判物・目録
寛文四年四月五日……189
八〇　京極高豊宛領知朱印状・目録
寛文四年四月五日……195
八一　御蔵米地方と引替之事
元禄十年七月……199
八二　知行所御蔵米と引替之事
享保十七年七月廿三日……200
八三　知行所御蔵米と引替之事
寛保元年八月……201
八四　蔵米取札差へ借財対談之事
文政八年十一月十日……202
八五　身分上下之事……203
八六　御旗本之面々進退不罷成者有之事
寛永二十年二月……205
八七　御旗本之面々進退不罷成者有之事
寛永二十年二月……206
八八　御旗本幷徒士同心切米之事
慶安元年十一月……207
八九　御旗本内職之事
嘉永六年七月……208
九〇　御家人株売買之事
嘉永六年七八月……209

九一 御家人株売買之事
嘉永六年六月……210
九二 侍屋敷間数之定
寛永元年三月……211
九三 大名武鑑
文化元年……212
九四 役職武鑑
文化元年……216

一

御掟

一　諸大名縁辺之儀、得　御意、以其上可申定事、
一　大名小名深重令契約、誓紙等堅御停止事、
一　自然於喧嘩口論者、致堪忍可属理運事、
一　無実儀申上輩在之者、双方召寄、堅可被遂御糺明事、
一　乗物御赦免之衆、家康、利家、景勝、輝元、隆景、并古公家、長老、出世衆、
此外雖為大名、若年衆者、可為騎馬、年齢五十以後之衆者、路次及一里者、
駕籠儀可被成御免、於当病者、是又駕籠御免之事、
右条々、於違犯之輩者、速可被処厳科者也、

文禄四年八月三日

隆景（花押）
輝元（花押）
利家（花押）
秀家（花押）

2

家康（花押）

〔浅野家文書、大日本古文書　家わけ第二、二六五〕

二

御掟追加

一　諸公家、諸門跡被嗜家々道、可被専　公儀御奉公事、

一　諸寺社儀、寺法社法如先規相守、専修造、学問勤行不可致由断事、

一　天下領知方儀、以毛見之上、三分二者地頭、三分一者百姓可取之、荛角田地不荒様可申付事、

一　小身衆者、本妻外、遣者一人ハ可召置、但別に不可持家、雖為大身、手懸者不可過一両人事、

一　随知行分限、諸事進退可相働事、

一　可致直訴儀、於挙目安者、先十人へ可申、十人衆訴人以馳走双方召寄、慥可被聞申分、直訴目安者、各別之儀候間、此六人へ可被申、以談合上、御耳へ於可入儀者、可被申上事、

一　衣裳紋、御赦免外、菊桐不可付之、於御服拝領者、其御服所持間者可着之、染替別衣裳、御紋不可付之事、

一　酒ハ可随様器、但大酒御制禁事、
一　覆面仕往来儀、堅御停止事、
右条々、於違犯之輩者、可被処厳科候也、
　　文禄四年八月三日
　　　　　　　　　　　　　　　　　隆景（花押）
　　　　　　　　　　　　　　　　　輝元（花押）
　　　　　　　　　　　　　　　　　利家（花押）
　　　　　　　　　　　　　　　　　景勝（花押）
　　　　　　　　　　　　　　　　　秀家（花押）
　　　　　　　　　　　　　　　　　家康（花押）

〔浅野家文書、大日本古文書　家わけ第二、二六六〕

三

条々

一　如右大将家以後代々公方之法式可奉仰之、被考損益、自江戸於被出御目録者、弥堅可相守其旨事、

一　或背御法度、或違　上意之輩、各国々不可隠置事、

一　各拘〔拘、閣丁本外三本「抱」に作る〕置之諸侍以下、若為謀叛殺害人之由、於有其届者、互可停止相拘事、

右条々、若於相背者、被遂御糺明、速可被処厳重之法度者也、

在京

慶長十六年四月十六日　　　諸大名連判

〔御当家令条一〕

四　武家諸法度

一　文武弓馬之道、専可相嗜事
左文右武、古之法也、不可不兼備矣、弓馬是武家之要枢也、号兵為凶器、不得已而用之、治不忘乱、何不励修錬乎

一　大名、小名在江戸交替所相定也、毎歳夏四月中可致参勤、従者之員数近来甚多、且国郡之費且人民之労也、向後以其相応、可減少之、但上洛之節者、任教令、公役者可随分限事

一　新儀之城郭搆(構)営堅禁止之、居城之隍塁石壁以下敗壊之時、達奉行所、可受其旨也、櫓塀門等之分者、如先規可修補事

一　於江戸并何国、仮令何篇之事雖有之、在国之輩者守其処、可相待下知事

一　雖於何所而行刑罰、役者之外不可出向、但可任検使之左右事

一　企新義(儀、以下同)、結徒党、成誓約之儀、制禁之事

一　諸国主并領主等不可致私之諍論、平日須加謹慎也、若有可及遅滞之義者、達奉

行所、可受其旨事

一　国主、城主、一万石以上幷近習、物頭者、私不可結婚姻事

一　音信贈答嫁娶儀式或饗応或家宅営作等、当時甚至華麗、自今以後、可為簡略、其外万事可用倹約事

一　衣裳之品不可混乱、白綾公卿以上、白小袖諸大夫以上聴之、紫袷、紫裡、練、無紋之小袖、猥不可着之、至于諸家中郎従諸卒綾羅錦繡之飾服、非古法、令制禁事

一　乗輿者、一門之歴々、国主、城主、一万石以上幷国大名之息、城主曁侍従以上之嫡子或年五十以上或医陰之両道、病人免之、其外禁濫吹、但免許之輩者各別也、至于諸家中者、於其国撰其人、可載之、公家、門跡、諸出世之衆者制外之事

一　本主之障有之者不可相拘、若有叛逆殺害人之告者、可返之、向背之族者或返之、或可追出之事

一　陪臣質人所献之者、可及追放死刑時者、可伺上意、若於当座有難遁義而、斬戮之者、其子細可言上事

一　知行所務清廉沙汰之、不致非法、国郡不可令衰弊事

一　道路・駅馬・舟梁等無断絶、不可令致往還之停滞事

一　私之関所、新法之津留、制禁之事

一　五百石以上之船停止之事

一　諸国散在寺社領、自古至今所附来者、向後不可取放事

一　万事如江戸之法度、於国々所々可遵行之事

右条々、准当家先制之旨、今度潤色而定之訖、堅可相守者也

寛永十二年六月廿一日　　御朱印

〔御触書寛保集成四〕

五

口上之覚

殉死ハいにしへより不義無益之事也といましめ置といへとも、仰出無之故、近年追腹のもの余多有之、向後左様之存念可有之ものにハ、常々其主人より殉死不仕様に堅可申含候、若以来於有之は、亡主不覚悟越度たるへし、跡目之息も不令抑留儀、不届可被為　思食者也、

五月廿三日

〔御当家令条八〕

六

天和三亥年七月

武家諸法度

一　文武忠孝を励し、可正礼儀之事、

一　参勤交替之儀、毎歳守所定之時節、従者之員数不可及繁多事、

一　人馬兵具等、分限に応し可相嗜事、

一　新規之城郭搆営堅止之、居城之隍塁石壁等敗壊之時は、達奉行所、可受差図也、櫓塀門以下は如先規可修補事、

一　企新規、結徒党、成誓約幷私之関所、新法之津留、制禁之事、

一　江戸幷何国にて、不慮之儀有之といふとも、猥不可懸集、在国之輩は其所を守、下知を可相待也、何所にて雖行刑罪、役者之外不可出向、可任撿使之左右事、

一　喧嘩口論可加謹慎、私之諍論制禁之、無拠子細有之ハ、達奉行所、可受其旨、不依何事令荷担は、其咎本人より重かるへし、幷本主之障在之もの不可相拘事、

附、頭有之輩之百姓訴論ハ、其支配え令談合、可相済之、滞儀あらハ、評定所え差出之、可受捌事、

一　国主、城主、壱万石以上、近習并諸奉行、諸物頭私不可結婚姻、惣て公家と於結縁辺は、達奉行所、可受差図事、

一　音信贈答嫁娶之規式饗応或家宅営作等、其外万事可用倹約、惣て無益之道具を好、不可致私之奢事、

一　衣装之品不可混乱、白綾公卿以上、白小袖諸大夫以上免許之事、

附、徒、若党之衣類は羽二重絹紬布木綿、弓鉄炮之者は紬布木綿、其外二至ては、万に布木綿可用之事、

一　乗輿は、一門之歴々、国主、城主、壱万石以上并国大名之息、城主及侍徒以上之嫡子或は年五拾以上許之、儒医諸出家は制外之事、

一　養子は同姓相応之者を撰ひ、若無之におゐては、由緒を正し、存生之内可致言上、五拾以上十七以下之輩及末期雖致養子、吟味之上可立之、縦雖実子、筋目違たる儀、不可立之事、

附、殉死之儀、令弥制禁事、

一　知行所務清廉沙汰之、国郡不可令衰弊、道路駅馬橋船等無断絶、可令往還事、

附、荷船之外、大船は如先規停止之事、

一　諸国散在之寺社領、自古至于今所附来は不可取放之、勿論新地之寺社建立弥令停止之、若無拠子細有之は、達奉行、可請差図事、

一　万事応江戸之法度、於国々所々可遵行事、

右条々、今度定之訖、堅可相守者也、

天和三年七月廿五日

〔御触書寛保集成六〕

七

正徳二辰年四月

覚

一　諸大名参勤之節、召連候人数之事、元和元年之御定も有之候処、近年以来、召連候江戸詰之人数次第相増、主人并諸家中之者不勝手ニ罷成候由被　聞召候、且又諸国居城居所等留守之人数も減シ候事、旁以不可然被　思召候、自今以後、参勤之節召連候人数分限ニ応し、其心得可有之候、但其員数之事追て可被
仰出事、

一　隠居領之事、子たる者は孝養のため、何程もわかちたく可存事ニ候得とも、過分之事にて御公役も勤り兼、且ハ又家中之輩難儀ニも及候様に有之候てハ不可然事候間、自今以後、大身小身によらす、其心得を以て隠居領受用可有之事、

右之趣、被　仰出候以上、

四月

〔御触書寛保集成八八六〕

八

享保六丑年十月

覚

一　諸大名参勤之節、従者之員数不可及繁多之旨、御代々御条目ニも被　仰出候、然共在江戸中、御番所、火之番等被　仰付候ニ付て、人数多ク被差出候、依之自今以後、在江戸相応ニ、大概人数之御定被　仰出候事、

一　近年は江戸ニて御用被　仰付候節、下人之内え雇人を差加、勤させ候様に相聞候、向後右体之儀堅無用ニ候、殊今度人数之儀被　仰出候上ハ、御定之通急度人数召置可被申候、若又少々余り之人数有之候とも、差出被申間敷候、尤不相応之場所ハ被　仰付間敷候、万一人数御用之時ハ、勿論領内より人数召寄、御軍役之通、堅可被相勤事、

弐拾万石以上

馬上　　拾五騎より廿騎迄但自身被召連候共

足軽　百弐三拾人

中間人足　弐百五拾人より三百人迄

拾万石

馬上　拾騎

足軽　八拾人

中間人足　百四五拾人

五万石

馬上　七騎

足軽　六拾人

中間人足　百人

壱万石

馬上　三四騎

足軽　弐拾人

中間人足　三拾人

一　只今迄小人数ニて被相勤、事済候場所ハ尤其通たるへき事、

一　弐拾万石以下此外之知行高ハ、右御定「に」准し、心得可被申事、

以上

十月

〔御触書寛保集成八八九〕

九

寛永十二亥年十二月

条々

一　忠孝をはけまし、礼法をたゝし、常に文道武芸を心かけ、義理を専にし、風俗をみたるへからさる事、

一　軍役如定、旗弓鉄炮鑓甲冑馬皆具諸色兵具幷人積、無相違可嗜之事、

一　兵具之外、不入道具を好、私之おこり致へからす、万倹約を用へし、知行水損旱損風損むしつき或船破損或火事、此外人も存たる大成失墜は各別、件之子細なくして、身体不成、奉公難勤輩は、可為曲事事、

一　屋作小身之族に至迄、近年分に過美麗におよふ、自今以後、身体ニ応し、其列を承合、軽可致事、

一　嫁娶儀式近年小身之輩に至まて甚及花麗、向後諸道具以下分に過たる結構いたさす、可用倹約、縦大身たりといふとも、なかえつりこし三拾丁長持は五拾

棹に過へからす、惣て此数量を以、応分限可沙汰事、

一　振舞之膳木具并盃台金銀彩色停止之、但高貴人珍客には木具不苦、或晴之会合或は嫁娶之時は金銀之土器亀足可為其心次第、惣て振廻之儀かろくいたすへし、酒乱酔に及へからさる事、

一　音信之礼儀、太刀馬代黄金壱枚或は銀拾枚、随分限、以此内を可減少、或ハ銀壱枚青銅三百疋礼物百疋に至るまて可用之、小袖十如右可減少之、雖為大身、不可過之、惣て諸色此積可用遣之、国持大名と礼儀取かわしの時も、此上之花麗いたすへからす、勿論酒肴等も可為軽少事、

一　被行死罪者有之時は、被　仰付輩之外、一切其場え不可懸集事、

一　喧嘩口論堅制禁畢、若有之時、令荷担者、其咎可重於本人、惣て喧嘩口論之刻、一切不可馳集事、

一　於殿中、万一喧嘩口論有之節は、番切相計へし、猥に他番より集るへからす、番無之座ならは、其所に近き輩可計之、事にも成間敷儀を乍見、悪事いたさしむへからさる事、

一　火事若令出来は、役人并免許之輩之外不可馳集、但役人差図之もの可罷出事、

一　本主之かまひある者を不可相拘、叛逆殺害盗賊人之届あらハ急度返へし、其外

軽咎之者に至ては、侍は届次第可追払、小者、中間ハ可返之、於難渋は、番頭、組頭令相談済へし、番頭なきものは其なみの輩可致談合、若滞所あらは、役者ニ達し、可請差図事、

一 諸家中におひて、大犯人あらは、縦親類縁者たりと言ふとも、直参之輩取持相かこふへからさる事、

一 知行所務諸色、相定まる年貢所当之外に、非法をなし、領地亡所にいたすへからさる事、

一 知行境野山水論并屋敷境、於何事も私之諍論致へからす、若申分あらハ、番頭、組頭可令相談、番頭なき者は其なみの輩に談合に及、可済之、有滞儀は、達役者、可受其旨事、

一 組中并与力、同心、他之組と申分在之時は、其組之荷担いたさす、番頭、組頭互に及相談、可済之、若滞儀あらは、役者に達し、可受差図事、

一 百姓公事雙方自分之於為知行所は、其地頭可計之、相地頭之百姓と公事いたさは、其類之番頭、組頭相談を以捌へし、番頭なきものは其並之輩寄合済へし、惣て滞儀あらハ、役者に達し、捌を請へき事、

一 跡目之儀、養子は存生之内可致言上之、末期及忘却之刻申といふとも、用へか

らす、勿論筋目無之者許容すへからす、縦雖為実子、筋目違たる遺言致間鋪事、

一 結徒党、致荷担、或妨をなし、或ハ落書張文博奕不行儀之好色、其外侍に不似合事業仕へからさる事、

一 大身小身共、自分之用所之外、買置商売利潤之かまひ致へからさる事、

一 歩行、若党衣類、さやちりめん平嶋羽二重絹紬布木綿之外停止之事、

附、弓鉄炮之者、絹紬布木綿之外不可着之、小者、中間衣類、万布木綿可用之事、

一 物頭、諸役人万事に付、不可致依怙、幷諸役之者其役之品々常に致吟味、不可油断事、

一 上意趣、縦如何様之者申渡と言ふとも、不可違背事、

右、可相守此旨、若於違犯之族は、糺其咎之軽重、急度可処罪科者也、

寛永十二年十二月十二日

〔御触書寛保集成一〇〕

一〇

寛文三卯年八月

条々

（前略）

一　跡目之儀、養子は存生之内可致言上、及末期雖申之、不可用之、雖然、其父年五拾以下之輩は、雖為末期、依其品可立之、拾七歳以下之もの於致養子は、吟味之上許容すへし、向後は同姓之弟同甥同従弟同又甥幷又従弟、此内を以、相応之ものを可撰、若同姓於無之は、入聟娘方之孫姉妹之子種替り之弟、此等之者其父之人柄により可立之、自然右之内にても、可致養子者於無之は、達奉行所、可受差図也、縦雖為実子、筋目違たる遺言立へからさる事、

（後略）

右条々、依先制之旨損益之、今度定之訖、堅可相守之、
若於有違犯族は、糺咎之軽重、急度可処罪科者也、

22

寛文三年八月五日

〔御触書寛保集成　一一〕

二　禁中幷公家諸法度

一　天子諸芸能之事、第一御学問也、不学則不明古道、而能政〔政、衍か〕致太平〔平の下、「者未有之也」脱〕貞観政要明文也、寛平遺誡雖不窮経史、可誦習群書治要云々、和歌自光孝天皇未絶、雖為綺語、我国習俗也、不可棄置云々、所載禁秘抄、御習学専要候之事、

一　三公之下親王、其故者右大臣不比等着舎人親王之上、殊舎人親王、仲野親王、贈大政大臣穂積親王准右大臣、是皆一品親王以後、被贈大臣時者、三公之下、可為勿論歟、親王之次、前官之大臣、三公、在官之内者、為親王之上、辞表之後者、可為次座、其次諸親王、但儲君各別、前官大臣、関白職再任之時者、摂家之内、可為位次事、

一　清花之大臣辞表之後、座位可為諸親王之次座事、

一　雖為摂家、無其器用者、不可被任三公摂関、況其外乎、

一　器用之御仁体雖被及老年、三公摂関不可有辞表、但雖有辞表、可有再任事、

一　養子者連綿、但可被用同姓、女縁者家督相続、古今一切無之事

一　武家之官位者、可為公家当官之外事、

一　改元、漢朝之年号之内、以吉例可相定、但重而於習礼相熟者、可為本朝先規之作法事、

一　天子礼服、大袖、小袖、裳、御紋十二象（諸臣礼服各別）、御袍、麴塵、青色、帛、生気御袍、或御引直衣、御小直衣等之事、仙洞御袍、赤色橡、或甘御衣、大臣袍、橡異文、小直衣、親王袍、橡小直衣、公卿着禁色雑袍、雖殿上人、大臣息或孫聴着禁色雑袍、貫首、五位蔵人、六位蔵人、着禁色、至極﨟着麴塵袍、是申下御服之儀也、晴之時雖下﨟着之、袍色、四位以上橡、五位緋、地下赤衣、六位深緑、七位浅緑、八位深縹、初位浅縹、袍之紋、轡唐草輪無、家々以旧例着用之、任槐以後異文也、直衣、公卿禁色直衣、始或拝領〔拝領の下、「家々」脱〕任先規着用之、殿上人直衣、羽林家之外不着之、雖殿上人、大臣息亦孫聴着禁色、直衣、布衣、直垂、随所着用也、小袖、公卿衣冠時者着綾、殿上人不着綾、練貫、羽林家三十六歳迄着之、此外不着之、紅梅、十六歳三月迄諸家着之、此外者平絹也、冠（十六未満透額）帷子、公卿従端午、殿上人従四月西賀茂祭、着用普通事、

一　諸家昇進之次第、其家々守旧例、可申上、但学問、有職、歌道令勤学、其外於積奉公労者、雖為超越、可被成御推任推叙、下道真備雖従八位下、衣有才智誉、

右大臣拝任、尤規摸也、蛍雪之功不可棄損事、
一　関白、伝　奏弁奉行職事等申渡儀、堂上地下輩於相背者、可為流罪事、
一　罪軽重、可被守名例律事、
一　摂家門跡者、可為親王門跡之次座、摂家三公之時者、雖為親王之上、前官大臣者、次座相定上者、可准之、但皇子連枝之外之門跡者、親王宣下有間敷也、門跡之室之位者、可依其仁体、考先規、法中之親王、希有之儀也、近年及繁多、無其謂、摂家門跡、親王門跡之外門跡者、可為准門跡事、
一　僧正大正権、門跡、院家、可守先例、至平民者、器用卓抜之仁、希有雖任之、可為准僧正也〔マヽ〕、但国王大臣之師範者各別事、
一　門跡者僧都大正少法印任叙之事、院家者僧都大正少権律師、法印、法眼、任先例任叙勿論、但平人者本寺推挙之上、猶以相撰器用、可申沙汰事、
一　紫衣之寺住持職、先規希有之事也、近年猥、勅許之事、且乱臈次、且汚官寺、甚不可然、於向後者、撰其器用、戒臘相積有智者聞者、入院之儀可有申沙汰事、
一　上人号之事、碩学之輩者、為本寺撰正権之差別、於申上者、可被成　勅許、但其仁体、仏法修業及廿箇年者、可為正、年序未満、可為権、猥競望之儀旅有之者、可被行流罪事、

右、可被相守此旨者也、

慶長廿年乙卯七月日

昭実　二条関白也

秀忠

家康

此拾七箇条、家康、秀忠、昭実先判之趣也、万治四年正月十五日内裏炎上之節、就令焼失、今度以副本如旧文写調之、為後鑑加判形者也、

寛文四年甲辰六月三日

光平御判

家綱御判

〔御当家令条一三〕

一二　老中職務定則

覚

一　禁中幷公家門跡衆之事、
一　国持衆総大名壱万石以上御用、幷御訴訟之事、
一　同奉書判形之事、
一　御蔵入代官方之御用之事、
一　金銀納方幷大分御遣方之事、
一　大造之御普請幷御作事堂塔御建立之事、
一　知行割之事、
一　寺社方之事、
一　異国方之事、
一　諸国絵図之事、

28

右之条々御用之儀并《ならびに》訴訟之事、

寛永十一年戌三月三日　酒井雅楽頭

土井大炊頭

酒井讃岐守

〔徳川禁令考七五一〕

一三　若年寄職務定則

定

一　御旗本相詰候万事御用幷御訴訟之事、
一　諸職人御目見幷御暇之事、
一　医師方御用之事、
一　常々御普請幷御作事方之事、
一　常々被下物之事、
一　京大坂駿河其外所々御番衆幷諸役人御用之事、
一　壱万石以下組はつれ之者御用幷御訴訟之事、
右之条々、承届可致言上者也、

寛永十一年三月

松平伊豆守とのへ

阿部豊後守とのへ
堀田加賀守とのへ
三浦志摩守とのへ
阿部対馬守とのへ
太田備中守とのへ

〔徳川禁令考七七三〕

引書　教令類纂

一四

○廿八日少老稲葉石見守正休発狂して。大老堀田筑前守正俊を刺したり。正俊おもひよらざる事ゆへ。深手にて既に危くみえければ。大久保加賀守忠朝。戸田山城守忠昌。阿部豊後守正武はせ来り。其座にて正休を討とゞむ。かくて正俊をば輴にのせてかへらしむ。この事によて月次の朝儀を廃せられ。出仕の輩老臣に謁して退く。正俊のもとには。御側大久保佐渡守忠高もて。其さまをとはせ給ふ。しかるに正俊は帰りし後。しばしありて遂に息絶たるとぞ。よてかさねて御側稲垣安芸守重定をつかはさる。又正休が邸は永井日向守直種に預けらる。

〔徳川実紀第五篇、貞享元年八月廿八日条〕

一五

一　厳有院殿〇徳川家綱の御代の頃迄は、御坐の間の下の間の次に、今もある九尺に三間の間を九畳敷といひて、其次の間の、間の襖障子を開けば、則今の相の間といふ所に、今も有夕顔の板戸たちし椽がはに、毎日老中は伺候せられしなり、其次の間は松に藤の杉戸をへだてゝ、今も有如くなりき、扨夫より北に入所の間をば、御鎖かけの間といひて、御持鎖をかけ置きし所なり、〇註略夕御膳を召上られし時、其下りし御膳を老中に、一人々々にみせてさげられしなり、其頃は御小性衆の中にても、御本膳の御役を被仰付しは、老中の申付られて、事重くありし事に申たりき、然れば毎日老中の伺候せられし間は、御坐の間よりしては、纔に御坐の間の次の間と、九畳敷の間とを隔てしのみなりき、〇中略扨常憲院殿〇徳川綱吉御代の初も、大やうは元の如くなりしに、稲葉石見守〇正休堀田筑前守〇正俊を刺殺せしは、かの松に藤の杉戸の口に参りて、御用候とて、筑前守の夕顔の杉戸の際の椽がはに伺候せしを呼たてゝ、其次の間の松に藤の杉戸外にて刺殺したる也、是より御栖居改りて、昔より御膳立の間なりし所を老中の御用部屋と名付て、そこに老中伺候し、彼老中伺候の間を桐の間といひて、番衆など置れしなり、○註略是より老中御前を遠ざけられし事、幾間といふ事をしらず、御持鑓も外へ出されて名のみ残りたり、○註略昔は老中常には彼夕顔の杉戸の椽がはに、鍵の手に坐につきて伺候し、杉戸を開けば其ま、御坐の間なりき、人人の老中に物申には、黒書院の溜の間にて聞かれし、夫より事軽き事は、今の如く御右筆部屋の縁頬にて事を沙汰せられき、されば今も老中附の坊主といふ者、奥と表とに二つに分れてある、其表方の者は、黒書院に召つかはれし所なり、○中略常憲院殿御代には、老中若年寄などいふもの、一月に五三度ならでは御前に参られし事もなかりしといふ、文昭院殿○徳川家宣御時に、昔の如く毎日に召出されし也、

一若年寄といふ者は、大猷院殿○徳川家光御時に出来しなり、○中略若年寄部屋とてもなく、御側衆の部屋を借りて、そこに伺候せしと也、

〔紳書下、古事類苑官位部三、二〇九頁〕

一六

（前略）詮房・忠良等の朝臣、今まで奉られし職事、世隔だたりし後にはいかなる事にやとも思ふべければ、その事をこゝに注するなり。神祖より第二代の御時迄は、奉書連判衆など申せし、其官五位の諸大夫に過ずして、其禄も薄かりき。第三代の御時、二条の御行幸の比よりぞ四品し、侍従になされし事等出来たり。其比に堀田加賀守正盛朝臣、はじめのほど奉書連判の衆になされ、程なく其事とゞめられ、御側にさぶらひて、老中の人〳〵に仰下さるゝ御旨をも、また老中の人々申すべき事など、此人に就て申されき。此御代にぞ大老・若年寄衆などいふ事も出来けるなり。第四代には、御幼稚にて御代つがれて、老中の人々御政務を輔佐せられしかば、そのゝちは、正盛朝臣の事のごとくなる人もあらず。第五代の御時、牧野備後守成貞の朝臣は、藩邸よりしたがひまゐらせしかば、むかし正盛朝臣が時のごとくに、老中に仰をもつたへ、申次をもせられき。そのゝちに、柳沢出羽守保明、御家号ゆるされ、御名字給り、四位の少将になされ、甲斐の国主となりしほどには、老中みな〳〵其門下より出て、天下大小事、彼朝臣が心のまゝにて、老中はたゞ彼朝

臣が申す事を、外に伝へられしのみにして、御目見などいふ事も、僅に一月がほどに、五七度にも過ず。（後略）

〔折たく柴の記下〕

一七　大目付勤方規定

条々

一　諸大名御旗本江万事被仰出御法度之趣相背輩於有之者、承届可申上事、

一　対公儀諸人不覚悟成者於有之者、承届可申上事、

附、諸事御奉公たての儀并不作法もの承届可申上事、

一　年寄中其外御用人并諸役人代官以下ニ至迄、御奉公たて仕者、又御うしろくらき者於有之者、承届可申上事、

一　御軍役嗜之わけ承届可申上事、

一　諸奉公人大小によらす、身上不成もの之様子承届可申上事、

一　民つまり草臥候儀なと承届可申上事、

一　不依何事、諸人迷惑仕候儀於有之者、承届可申上事、

寛永九年申十二月十八日　　秋　山　修　理

水野河内
柳生但馬
井上筑後

〔徳川禁令考九二九〕

一八

寛永九壬申年十二月廿五日

覚

一　御用日に其座江罷出、善悪之儀可承届事、

一　四人之もの両人ツヽ公事之場江可罷出事、

一　御老中ニて誓詞致候者、四人之もの参、誓詞之文言改判いたさせ可申事、

一　誓詞仕候もの之判形四人之者改可申候、但、小身成もの者四人之者宿所ニ而も
いたさせ可申事、

一　御旗本之諸人、馬しるし差物、組々の分仕置可申事、

一　諸人分限帳并知行之国所帳ニ作置可申候事、

一　海道筋制札ふるく成候ハヽ、改替可申事、

以上引書　教令類纂

〔徳川禁令考九三〇〕

一九

寛永十二乙亥年十一月十四日

老中幷諸役人月番ノ始及分職庶務取扱日定則

一　国持大名御用幷訴訟之事、

土井大炊、酒井讃岐、松平伊豆、阿部豊後、堀田加賀、五人して一月番ニ致可承候、

一　御旗本、諸奉公人御用幷訴訟之事、

土井遠江、備後、志摩、備中、対馬、五人して一月ツヽ、可致候事、大成令ニハ、五人ニテ一年宛番致し可承候、ニ作ル、

一　金銀納方、雅楽頭、大隅、内匠、和泉、内蔵丞、右五人可致候事、

一　証人御用幷訴訟、雅楽頭、紀伊守、大隅守、内匠、和泉、内蔵丞、右六人可致事、

一　寺社方御用幷遠国訴訟之事、

右京、出雲、市正、右三人一月宛可致番事、

一　町方御用幷訴訟人之事、
民部、式部一月宛、番被致可承事、
一　関東中御代官方幷百姓等御用訴訟、右衛門大夫、播磨、半十郎、金兵衛、源左衛門、
右五人一月宛、弐番ニ致可承事、
一　御作事方ニ付、御用（大成令ニハ、万事之御用、ニ作ル）幷御訴訟、将監、因幡、内記三人ニ而一月ツヽ、
番ニ可致事、
一　万事訴人、河内、但馬、修理、筑後、右四人可承事、
一　目安裏判之儀、其役々可仕事、
一　御普請奉行、小普請奉行、道奉行御用之之儀者、松平伊豆、阿部豊後、堀田加
賀可承之、但、大造之御普請幷大成屋敷割之儀者、土井大炊、讃岐（大成令ニハ酒井讃岐トアリ）、
可致相談事、
一　国持大名御用幷訴訟承候日、
三日　九日　十八日
一　御旗本、諸奉公人御用幷訟訴承候日、
一　町方公事承候日、
一　関東中御代宮幷百姓御用訴訟承候日、

九日　十九日　廿七日

二日　十二日　廿二日

一　寄合日大成令ニハ此条以下七条ヲ載セス、

右之日罷出輩之事、

松平伊豆、阿部豊後、堀田加賀、此三人者壱人ツヽ、致番可罷出事、

安藤右京、松平出雲、堀市正、此三人ハ壱人ツヽ、致番可罷出、但、被仰付御役之儀、公事有之時者、不残可罷出事、

水野河内、柳生但馬、井上筑後、秋山修理、此四人者壱人ツヽ、致番可罷出事、

松平右衛門大夫、伊奈半十郎、伊丹播磨、大河内金兵衛、曾根源左衛門、此次第ニ弐番ニ致可罷出、曾根源左衛門者、右之内江相加罷出事、

佐久間将監、酒井因幡、神尾内記、此三人ハ壱人宛、致番可罷出事、

道春、永喜、右同断、

内藤庄兵衛、野々山新兵衛、右同断、

建部右衛門、久保吉右衛門、

右両人之内壱人、其外之者壱人、相加可罷出事、

民部、堀式部、

右両人者、毎度可罷出事、

以上引書　教令類纂

〔徳川禁令考七五二〕

二〇

寛永七庚寅年正月

毎月九日可弁達事務ノ定

一　御目見以上小役人、就病気御役御免被仰付、
一　下屋敷被下、或ハ屋敷相対替被仰付、宅ニ而申渡候向、
一　万石以下之跡目、
一　万石以下之養子、
一　寺社幷碁将棊之者御暇拝領物、
一　御代官役所之御暇、
一　遠国小役人御暇且拝領物、
一　御番衆的見分、
一　寺院後住、
一　遠国役人当地発足付而、持参之奉書証文等相渡、

一　大坂駿府御目付代被仰付候可致用意旨申渡、
一　諸番頭御組中引渡、
一　御代官所替被仰付、
右之通、可被仰付候、
　　但、二月九日者、総而御用之儀延引可仕候、
　　　廿二日　廿九日
右者、総而御祝儀事之外者無御構、御用之儀被仰出之、
但、六月廿二日、七月廿九日者一切御用之儀、延引為仕候、
　　　　　　　　　　引書　教令類纂
　　　　　　　　　　　　　　　　〔徳川禁令考七五四〕

二一

御老中支配（延享元子年六月）

一 禁裏幷公家、門跡方
一 国持大名、万石以上、交替寄合
一 大造之御普請
一 堂塔御建立之事
一 知行割之事
一 異国御用
一 高家
一 御留守居
一 大御番頭
一 右衛門督殿御守
一 刑部卿殿御守
一 大目付
一 町奉行
一 御旗奉行
一 御鑓奉行
一 御勘定奉行
一 御作業奉行
一 御普請奉行
一 遠国奉行
一 遠国役人
一 小普請組支配
一 御留守居番
　伊奈半左衛門
一 御勘定吟味役

〔御触書寛保集成二一〕

二三　若年寄支配（延享元子年六月）

一　御書院番頭
一　御小姓組番頭
一　小普請奉行
一　西丸御留守居
一　新御番頭
一　御小姓
一　御小納戸
一　百人組之頭
一　御持弓筒頭
一　火消役
一　中奥御小姓
　　林大学頭

一　御女中様方御用人
一　御広鋪御用人
一　右衛門督殿小姓頭
一　刑部卿殿小姓頭
一　田安用人
一　一ッ橋用人
　　林内記
一　御先弓筒頭
一　御目付
一　御使番
一　御鉄炮方
一　西丸御裏門番之頭

一　御徒頭
一　小十人頭
一　右衛門督殿物頭
一　刑部卿殿物頭
一　御船手
一　二丸御留守居
一　御納戸頭
一　御腰物奉行
一　御鷹匠頭
一　奥御右筆組頭
一　法心院殿 蓮浄院殿御用人
一　御膳奉行
一　表御右筆組頭
一　中奥御番
一　御書物奉行
　　諏訪部文右衛門

一　御賄頭
一　御馬方
一　馬医
一　御細工頭
一　御材木石奉行
一　吹上奉行
一　浜御殿奉行
一　御膳所御台所頭
一　表御台所頭
一　御休息御庭之者支配
一　御鳥見組頭
一　吹上添奉行
一　御同朋頭
一　御数寄屋頭
一　御薬園奉行
一　評定所勤役儒者

一 儒者
一 絵師
一 検校
一 舞々
一 役者
一 中川御番
一 寄合
一 御医師
御目付預り
一 黒鍬頭
一 御掃除頭
一 御中間頭
一 御小人頭
一 御駕籠頭

二三　当時殿中席書（延享元子年六月）

御黒書院溜之間

溜　詰　　表大名

同所御次　　表高家

所司代　　交代寄合

大坂御城代　　雁之間

大広間　　高家衆

国持衆　　詰　衆

表向四品以上　　菊之間

帝鑑之間　　詰衆嫡子

御譜代衆　　大御番頭

交代寄合　　御書院番頭

柳之間　　御小姓組番頭

右衛門督殿

御　守

刑部卿殿（嘉祥玄猪御祝儀之節ハ此所え罷出）

御　守

南之方御襖際

御使番

御書院番組頭

御小姓組与頭

同所敷居之外

御旗奉行

百人組之頭

御鑓奉行

御持弓御持筒頭

定火消

同所縁頬

芙蓉之間

詰衆並

同嫡子

御奏者番

寺社奉行

大坂御定番

伏見奉行

駿府御城代

御留守居

大目付

町奉行

御勘定奉行

御作事奉行

御普請奉行

甲府勤番頭

長崎奉行

京都町奉行
大坂町奉行
駿府御城番
禁裏附
山田奉行
日光奉行
奈良奉行
堺奉行
駿府町奉行
佐渡奉行
浦賀奉行

山吹之間

中奥御小姓
中奥御番
林大学頭
林内記

御連歌之間北之縁頬

法印　法眼　医師

中之間

小普請奉行
西丸御留守居
小普請組支配
新御番頭
御留守居番
伊奈半左衛門
御勘定吟味役

桔梗之間

新御番組頭
御番医師
御女中様附之御用人も此席え出ル

躑躅之間

御弓鉄炮頭
右衛門督殿
物　頭
刑部卿殿
物　頭
西丸御裏門番之頭
御徒頭
小十人頭
御船手
大坂御船手
京都御代官
同東御襖際
中川御番
御鉄炮方
大御番組頭
美濃郡代

同鋪居之外
道奉行
屋鋪改
紅葉之間
御小姓組
虎之間
御書院番
土圭之間次
新御番
檜之間
小十人組
医師之間
寄合医師
焼火之間
二丸御留守居
御納戸頭

御腰物奉行
御鷹匠頭
御留守居組頭
御裏門番之頭
御広敷番頭
右衛門督殿
　徒　頭
刑部卿殿
　徒　頭
右衛門督殿
　小十人頭
刑部卿殿
　小十人頭
御納戸組頭
御鉄炮玉薬奉行
御鉄炮御箪笥奉行

御弓矢鑓奉行
御天守番之頭
富士見御実蔵番之頭
御具足奉行
御幕奉行
御書物奉行
　諏訪部文右衛門
御腰物方
御納戸方
御馬方
大筒役
御鷹匠組頭
御勘定組頭
御代官
御切米手形改
御勘定見分役

御蔵奉行　　馬医
御金奉行　　御納戸前廊下
御細工頭　　八王子千人頭
御材木石奉行　　大柳八左衛門
小普請方　　中井主水
吹上御花畑奉行　　小普請方改役
浜御殿奉行　　御作事方下奉行
小石川御薬園奉行　　御鳥見
御畳奉行　　水野宇右衛門
漆奉行　　鶴見七左衛門
林奉行　　曲木又次郎
　藪田助右衛門　　右衛門督殿馬役
御鷹匠　　小田所左衛門
御勘定　　刑部卿殿馬役
御鳥見組頭　　神保政右衛門
吹上添奉行　　後　藤

本阿弥
呉服師
狩　野
幸阿弥

御台所前廊下

御徒目付組頭
火之番組頭
御貝太鼓役
植木奉行
黒鍬之者頭
御掃除之者頭
御犬牽之者頭
評定所番
伊阿弥修理
御翠簾屋

同下之方

御中間頭
御小人頭
御駕籠頭
伝奏屋鋪番

御玄関

御徒組頭
御　徒

〔御触書寛保集成二一〕

二四　公事裁許役人起請文前書

一　奉対　両御所様、御後闇儀毛頭不可存事、
一　雖為親子兄弟、両御所様御ため悪儀仕族幷背御法度輩於有之は、有様可申上事、
一　今度大久保相摸守蒙　御勘気上は、以来相摸守父子と不通可仕事、
一　公事批判御定之儀、知音好之儀は不及申、雖為親子兄弟、無依怙贔負様可申付事、
一　於評定所批判相談之時、互に心底存寄之通、不寄善悪、毛頭も不相残可申出事、
一　於御前被　仰付候儀、就善悪無　御意間ハ、不可致他言、余人に被　仰付候儀
承といふとも、当人就不申出は、他言仕間敷事、
一　知音立を仕、申合、一味仕もの入精承、言上可仕事、
一　背　上意候もの、知音好たりといふとも、入魂仕間敷事、
一　此衆中或背御法度或贔負偏頗いたし、就諸事悪事有之由　御耳に立候は、御穿
鑿之上、何様にも可被〔マヽ〕　仰付事、
右条々、於相背は、

慶長十九年寅二月十四日
酒井雅楽頭　酒井備後守　土井大炊助
安藤対馬守　水野監物　井上主計頭
米津勘兵衛　嶋田兵四郎　各血判

〔御当家令条五一七〕

二五

万治二己亥年三月四日

起請文前書

一　今度就御奏者番被仰付、弥公儀を軽（此下恐脱率字）不仕、御為第一奉存、悪心なく御奉公可申上候、聊以御後闇儀仕間敷候、尚以万事心之及程精を入、御奉公油断仕間敷事、

一　御隠密之儀、被仰出無之以前、同役之外者親類兄弟を始、一切他言仕間敷候、但、一人ニ被仰渡候儀者、雖相役申聞間敷事、

一　同役中ハ不及申、御一門を始、諸大名諸傍輩と、奉対御為悪心を持申合一味仕間敷候、於殿中者勿論、宿々江も、無用所して切々寄合、入魂たて仕間敷事、

一　御威光を以、諸傍輩等江私之奢仕間敷事、

一　跡々より被仰出候御法度之趣、弥以堅相守可申候、自今以後被仰出候御条目、壁書等、是又同事相守可申候、其外諸事心を付、常々殿中江も無作法不行儀無

之様、相嗜可申事、

一　御目付衆同時有之時、無作法無之様可仕候、勿論手前作法無礼不仕候様、心之及程、精を入可申事、此条恐有誤脱、

一　親類幷近き縁者之外、御用訴訟取次一切仕間敷事、附、当番之日御奏者役者格別之事、

右条々、雖為一事於違犯者、以下罰文、

万治二年亥三月四日　　引書　公儀御法度

〔徳川禁令考一〇九四〕

二六

定

一　寄合之式日、毎月二日十二日廿二日、若　公儀御用有之て、式日及延引は、翌日可為寄合事、

一　評定衆寄合場え卯刻半時罷出、申刻可有退散事、

一　寄合場え役者之外一切不可参、勿論音信停止之事、

一　公事人老人若輩幷病者之外、かひそへ停止之事、

一　公事ニ罷出者、縦雖為御直参之輩、不可帯刀脇差事、

一　公事人雖為親類縁者知音好、評定衆於寄合場不可取持事、

一　従遠国参公事、在江戸久次第ニ可承之、当地之公事は其日之帳之先次第、可承之事、

附、不承て不叶儀幷急用は各別之事、

一　公事不審掛儀は、其筋之役人可勤之、惣座中よりも、無遠慮、存寄之通可申事、

一　公事裁許之以後、其筋之役人公事之しめ留書可致之、伊豆守、豊後守、加賀守

其日之公事之留書写させ可被申事、

一　公事其日落着無之儀は、其評定衆翌日寄合可被申付、不相済儀は年寄中え談合仕、其上可致言上事、

一　公事役者之所ニて承候内、寄合場え可出之於公事は、証人証跡相揃出之、無滞之様可在之事、

一　為過怠籠舎之者、評定衆相談之上、定日数、其日限相済候は、自籠可出之事、

附、預者永々敷不差置、急度遂穿鑿、可済之事、

一　裏判幷召状をうけ、遅参之者、勘其所之遠近、積日数、依軽重、或籠舎或可為過料事、

右条々、可被相守之者也、

寛永十二年十二月二日　讃岐守

大炊頭

〔御触書寛保集成一三〕

二七

公事裁許定

一　町人跡職之事、存命之内五人組え相断、其上町年寄三人之前ニて帳に付置へし、其子於不届は、重て可申断之、及末期、筋目違たる遺言立間敷事、

一　主人と家僕との公事、勿論主人次第たるへし、但主人非分有之は、随理非可裁断事、

一　親子間之公事、親次第たるへし、雖然其親非義有之は、依理非可申付事、

一　家僕に目安上らるゝ輩之事、侍中えは松平大隅守、牧野内匠頭、加賀爪民部〔頭、閣丙丁本に拠て補ふ〕少輔、堀式部少輔状可添之、御代官は松平右衛門大夫、伊丹播摩守書状添之、可遣候、町人は目安之裏に書付、可遣事、

一　目安裏判日数を積、書付遣候上、不罷出輩ハ籠舎、但日数五日其後可為対決事、

一　訴人之事、縦雖為同類、其品により科を赦し、御褒美可被下事、

一　田畑野山等隠置訴人之事、御褒美可被下之、隠置輩ハ、或死罪或過料、可随科之軽重事、

一　慥成証文証拠有之を乍存、申掠、公事仕族之事、或籠舎或過料、籠舎之日数過怠之員数、可依科之軽重事、

一　御代官所給人方町人百姓目安之事、其所之奉行人、代官幷給人等之捌可受之、若其捌非分有之は、於江戸可申之、奉行人、代官、給人等え不断訴申族は、雖有理、不可裁許事、

一　国持之面々家中幷町人百姓目安之事、其国主可為仕置次第事、

一　寺社領之百姓目安之事、其所之代官え相断、捌可受之、若其捌非義有之は、於江戸可申之、代官え不断訴申輩ハ、是又不可裁許事、

一　寺方之公事、本寺之捌可受之、若本寺之捌非義有之ハ、於江戸可申之、本寺へ不断訴申族は、縦雖有理、不可裁許事、

一　中分不立非拠之儀訴申族之事、於其所死罪又ハ籠舎事、

一　殺害人之事、其時之品により、或死罪或可為籠舎事、

一　刄傷之咎之事、其品ニより、或籠舎或過料、可随罪之軽重事、

一　かりことを申族之事、其品により、或死罪或籠舎事、

一　欠落之者送たる輩、可為曲事事、

一　欠落者請人之事、可随科之軽重事、

一　屋敷境相論之事、其一町之者召出、証拠次第可申付事、
一　誂物諸色請取如約束不相調輩、可為曲事事、
一　科人雑物幷妻子所従等之事、或主人或其所之奉行改出、於捕来は、其主人其奉行之進退たるへし、但奉行所より届有之て、被行罪科族は、奉行所え可指出事、

寛永十年酉八月十三日

〔御当家令条五一八〕

二八

御番衆条目

条々

一　於殿中不依何事、一切口論仕間敷候、中懸候者御改易に可被仰付事、
一　傍輩中万悪敷儀ニ男道をたて、中合一味仕間敷候、若於相背者、可為御成敗事、
一　於宿々、又若党と寄合悪敷儀ニ致同座間敷候、相背者有之ハ、可為御成敗事、
一　若衆狂一切仕間敷候、若相背輩あらハ、本人之儀ハ可為改易、其間之使を致候者、御成敗可被仰付事、
一　奥之御小性と、中好知音ふりをいたすへからす、於相背ハ、可為曲事事、
一　用事なくして、他之番所江寄合咄申間敷候、相背族あらハ、過料可被仰付事、
一　番頭、組頭申渡儀、万事少も違背仕間敷候、於相背ニ者、曲事可被仰付事、
右七ヶ条之旨可相守もの也、
寛永元年子八月十一日　　　　　引書　教令類纂

〔徳川禁令考一一七四〕

二九

条々

一 於　殿中喧嘩口論有之刻、其番切に可相計之、他番之輩は其番所に有之て、御側近面々弁番頭、組頭可随指図事、
　附、火事之時、可為同前事、
一 結徒党之儀、為御停止之間、弥守其旨、一味不可仕事、
一 番代之儀厳密にいたすへき事、
一 番中之面々善悪之儀、無依怙、有様に可致言上事、
一 当番不参可為曲事事、
一 何事によらす、相背御法度弁不形儀之輩、或死罪流罪或改易又ハ過料、可随科之軽重事、
右之条々、堅可相守此旨、御法度之趣旨違背之族見遁、聞遁、於令用捨は、番頭、組頭可為曲事者也、
　御黒印　寛永九年五月七日

〔御当家令条二九〇〕

三〇
覚

一　御番衆学問常々心掛被申様、弥可被申聞事、

一　御番衆射的可被　仰付之間、可有其心得候、弓矢等取かさり候儀ハ無用候、手前中等専要事、

右之趣不限今度、常々相嗜被申様、組中え可被相達候、惣て賭的之類可為無用事、

一　御番衆於高田馬場乗馬申付之、番頭可被致見分事、

一　馬つくろひ候様成儀、可為無用事、

一　馬具かさり候事不入儀候、馬達者に乗候儀専要事、

一　高田馬場え出候節、路次中又ハ先ニて作法能様に可被申聞事、

右之趣、不限此度、乗馬之儀常々相嗜被申様、組中え可被相達事、

以上

元禄七也戌七月

〔御当家令条三一一〕

三一

定

一　御軍役御上洛之御供御奉公之道、常々被心懸、相嗜、随分限、身上罷成候様可被心得事、

一　御番衆自然振舞被仕候ハヽ、一汁三菜外香物酒三返たるへき事、

一　供に被連候時小者等、此以前御定之外被召具間敷候、附、かいらきさや大刀大脇指、だてもの手ふりつくりひけ、兎角人之目にかゝり候、如斯之者御制禁之上、拘被申間敷事、

一　自今以後、小袖幷肩衣袴、定紋之用意無之、有合に可被致着用事、

一　小者、中間給分之儀、此以前如御定、才覚次第相拘可被申事、

一　屋作幷諸道具以下妻子衣類等至迄、分限に随ひ、被致結構間敷事、

一　浪人つきあひ仕、幷料理道具數寄道具好、貯被致間敷事、

一　二条幷大坂在番勤江戸え罷下候節、雖為親類縁者、為土産音信物つかハれ間敷事、

一　遊山見物は不及申、用なくして寄合事、惣てむさと町ありき被致間敷事、

右九ヶ条之趣、能々可被相嗜候、各進退不弁之由、今度達　高聞候、此以前御旗本衆中身上不成旨達　御耳、応其分限、以来進退相続候様にと被　思食、御知行御加増被下、其以後も被為加御介抱候処、今度諸番衆中幷諸役人等至迄不勝手之由、再三被及　聞食、御不審被　思食候、依之番頭、組頭幷諸役人等迄様子御穿鑿之上、如斯被　仰出候、然上は向後別て万事相嗜、身上相続候様可被得其意候、若右之通違背之仁於有之は、急度言上可仕候条、当其時刻、違諍無之様、兼て其覚悟可有之候已上、

寛永十七年辰正月十三日

〔御当家令条二九二〕

三二

覚

一　具足改御書院番、御小性組隔年仕、六月中改可申事、
一　御嘉定御玄猪之時分は、御普請に掛居申候とも、可罷出事、
一　川稽古成兼之由被申候ハヽ、誓文状取可申事、
一　高田右同断事、
一　自身疱瘡之時、日数七十五日過可罷出事、
一　日光え被為　成御供之衆休之事、四月朔日より休候て、五月朔日より御番始申筈事、
一　増上寺ニて装束行列之時詰番ハ、還御以後登　城事、
一　遠国え御使に被参候衆之休、参着明ル日よりの事、
一　増上寺なとへ被為　成候刻押之事、夜廻外輪廻衆之内ニて出し可申事、
一　御普請なとに掛り被申候前、休日限之事、前々之通、但其時之様子次第、何も相談之上可致指引事、

一　御預之仁死去之時分検使に被参衆休之事、五日路より遠所へ参候ハヽ、休日数十日、五日路より近へ被参候ハヽ、五日之日数休之事、

一　入番衆本番五ツ勤候て、御供番に出シ可申候、并前髪有之衆ハ、落候て追付御供番に出シ可申事、

一　入番衆本番見習弐ツ、但六月十五日以後ハ見習無之事、

一　知行所え御暇之儀如御定、春秋両度に遣可申事、

一　御供番相触候以後は、縦相延候共、壱人ニても登　城仕候ハヽ、不残勤に可仕事、

一　跡々之通、要脚広蓋御給仕稽古いたさせ可申事、

一　長煩小普請に出し申儀、十二ヶ月皆煩、末々御番難勤体に候ハヽ、小普請たるへし、又皆煩ニても十三ヶ月目より気色能、自今以後、御番可相勤体に候ハヽ、出し申間敷事、

一　時々御番に罷出、切々相煩候ハヽ、三年之御番相改、三分一より上之煩に候ハヽ、四年目に小普請に出し可申事、

一　病者に候間、小普請に入申度由申候ハヽ、煩之様子具承之、其上誓紙を以小普請に入可申事、

一　小普請に出候以後、致養生、本腹候間、元組へ入、御番仕度之由願申候ハヽ、

老中え申達、御番に入可申事、

一　病後本番計相勤、御供番断之衆、五ヶ月過候ハヽ、被致誓紙候様可申渡事、

寛文七也未十一月日

〔御当家令条三〇三〕

三三

定

一　此以前於道中不作法之由被及　聞食候之間、自今以後、左様之儀於有之は、急度可被　仰付之旨　上意ニ候、弥道中之儀入念可被申渡事、

一　於道中万事不作法之儀幷押買押売不仕様に、下々えかたく可被申付事、

一　道中馬次問屋共方え、御番衆名苗字幷馬数書付遣之候間、以来他所之者不作法仕候刻、御番衆御改も可有之間、馬次〳〵ニて、御番衆面々に、問屋共方より急度手形を取、可被罷通事、

一　泊々ニて宿賃相済、非分無之由、宿主より手形を取可被申事、

一　道中泊におゐて宿問答、御番衆仲間之事ハ不及申、如何様之家来之者たりといふ共、被仕間敷事、

一　於昼休所自然火事出来之時分、組頭より無指図して、火本え出合被申間敷事、

一　荷物御法度之通おもく無之様、下々迄堅可被申付事、

附、代物之儀、所之相場に買申様可被申付事、

一　駄賃馬遅出候とて、馬指にかさつ不仕候様に、下々え能々可被申付事、
一　舟渡船頭は不及申、道中往還之人にかさつ無之様に、下々え堅可被申付、御番衆中ニても、先次第に船渡可被申事、
一　今度二条迄之道中ニて、御番衆下々万事に付、自然出入於有之は、主人不構、仲間之揃次第に被致、少も無底意済し可被申事、
一　万事仲間之儀、多少次第可被致相談事、
一　四月三日罷立候番頭より壱人も跡に登被申間敷候、同八日罷立候番頭より壱人も跡に登被申間敷候、自然用所有之衆ハ、其断前廉可被申事、
一　役人衆二条御役請取被申候事、先番之番頭四月十三日大宮通え参着、十四日十五日両日組中大宮通可被致参着、役人衆は十四日之組え附登り、十五日御成中之役人衆より御役請取被申、十七日御城中え入代被申、御番衆は一所に御城内え入可被申候、下組之役人衆は、十七日に下り可被申事、
一　跡登之御番衆、十六日十七日両日大宮通被致参着、御番頭は十八日大宮通参着、御城中へ入候事、右定之日限ニ入替候役人衆ハ、十六日之先番に附登被申、十七日に御城中え人を遣、十九日御城内え入、先へ御役請取被申候役人衆より、御役改之請取可被致相談、跡下り組之役人衆は、十九日に下り可被申事、

一　江戸より京都迄日数十一日之積にて、大隅守組四月十四日十五日、豊前守組十六日十七日、如斯到京大宮通可有参着候、大隅守儀は十三日、豊前守十八日に京都可致参着候、但風雨有之て、往行不成におゐてハ各別事、
附、二条御城え入替之儀、四月十六日之朝大隅守、同十八日之朝大隅守組、十九日廿日両日之朝豊前守組、同廿一日之朝豊前守入替申筈候、何も御番請取候刻限、明六ツ定之事、
右ケ条之通、二条御番道中之作法、御番衆中え急度可被申渡之候已上、
大御番頭名判
明暦二年四月四日
組頭中

定

一　二条在番中被　仰出御条目之旨、可被相守事、
一　二条御番中火之用心堅被申付、夜廻之儀は不及申、昼之内も入念、火之元無油断様に可被申付事、
一　二条御番に被召列候者共、於当地悉被致僉議、可被罷登候、少成共かふき候

様に相見へ候者、壱人も被召列間敷候、自然此旨〔此旨、館本に拠て補ふ〕用不被申仁於有之は、罷下、言上可仕事、

一 道中駄賃次所々ニて、かさつ不形儀不仕候様に、下々え堅可被申付事、
　附、船渡之時分、弥入念可被申付之、駄賃銭之儀、如御定無相違相済、手形を取、可被罷立事、

一 御番衆中道中も、用之儀なくして寄合振舞、堅可被致停止、若用所有之、寄合被申候ハヽ、茶計出之、菓子酒等も可為無用事、

一 二条え被登候以後は、御番所之外へハ不被罷出、衣類上下ふるきを用、万事倹約を専とし、各身上罷成候様にいたされ肝要之事、
　附、若党、中間刀脇指も、目に懸候大成物さゝせ被申間敷事、

一 道中下々に至迄、銭湯風呂に入不申候様、堅可被申付事、

一 路次中之城主知人に候とも、城中え立寄候儀可被致無用、親子兄弟祖父祖母伯父伯母甥姪舅聟従弟は、依断立寄可被申事、

一 京大宮通え御番衆参着逗留中、宿に渡候町之外、一円出被申間敷候、但用所被申付候下々之儀ハ、吟味之上出し可被申事、

一 大宮通之宿重て登被申候衆、同宿え宿割被致間敷事、

一　大宮通逗留之内、台所むき入用之外、買物被致間敷事、

一　食焼女置被申仁は、大宮通逗留中呼寄見候て、約束被申間敷候、御城中え入候以後抱可被申事、

附、女売物持参候とも、門口へも寄被申間敷事、

一　此度二条ニて、御番衆中用所なくして寄合振舞、曾て被致間敷候、用之儀候て、壱人弐人寄合被申候とも、振廻酒之儀ハ不及申、菓子ニても出し被申間敷候、但茶計ハ不苦事、

一　二条在番中諸事不入買物不可被致、但武具之儀ハ各別ニ候、是も所持之衆弥重に拵被申儀ハ可為無用、此外求候ハて不叶物ハ、組頭衆え相談之上、調可被申事、

附、召仕之者刀脇指拵申候ハヽ、見被申候上、見苦段無紛候ハヽ、被致指図、拵させ可被申事、

一　登御番衆二条　御城内え親類縁者有之て、入被申度と有之衆は、組頭衆を以番頭え断可被申候、様子承屈、入可申事、

一　二条御番に罷登候節、大坂に親類兄弟舅聟在之候共、大坂え寄被申間敷候、但親子兄弟舅聟之内急病等於有之は、病人方之御番頭断状次第、大坂え越可申候、大坂御番に罷上候節は、二条諸役人之内に親子兄弟有之衆、両御番頭より断

に候ハヽ、寄可申事、

一 二条御番に罷登候節、道中に親子兄弟祖父組母甥姪舅聟有之衆ハ、兼約之半日路程有之所へハ、断により上下之内一度寄せ可申候、一日路程有之所えは寄申間敷事、

一 二条風呂屋敷え、市日に片輪にて一月に三斎、両輪にて六斎出し可申事、
附、風呂屋敷え、市日に女之分、たとひ老女ニても、壱人も人申間敷事、

一 二条え四月登之御番衆俄煩付、残候日数五月晦日切、六月朔日よりハ代人申渡、登せ可申事、

明暦二年四月朔日　　　　　　　両御番頭

（御当家令条二九五）

三四

覚

二条、大坂御番に被登候衆、道中は不及申、二条、大坂え参着候共、御城中え入替候日限前に、被致病死候ハヽ、江戸え申越、代人登せ可申候、御城内え入候て被果候衆は、代人出し申間敷候、但組頭衆之内、右之様子候共、是ハ役人に候間、不及代人候事、

附、路銀之指引、一日路成共被出候ハヽ、代人え不及指引候、江戸にて被果候ハヽ、路銀代人に渡可被申候、右代人に被参候衆五十日休之事、

万治二年四月廿七日

〔御当家令条二九六〕

三五

万治元戊年六月廿五日

御番入之事

一 大御番頭之子供、御小性組ニ入、

一 御書院番衆之子共、御小性組ニ入、

一 跡目之分ハ、親御小性組ニ而も無之者之子共者、鬮取に而両番之内江入、

一 遠国之御役人之子共、御小姓組ニ入、

一 目付使番之子共壱人、御小姓組ニ入、

一 大御番組頭之子共壱人、御小姓組ニ入、

一 親兄弟大御番ニ有之もの之子共、御小姓組ニ入、

但、御小性組、御書院番ニ入筋目之子供之儀也、

〔徳川禁令考一二〇〇〕

三六

享保六丑年十一月

覚

一　大御番より布衣以上之御役被　仰付候面々之悴、家督被　仰付候時は、小普請ニ入、それより御番人之節は両御番ニ被　仰付、其子孫只今迄ハ代々両御番ニ被　仰付候得共、自今ハ三代目よりハ大御番ニ可被　仰付候事、

一　大御番より布衣以上之御役被　仰付候者之悴、当時大御番相勤有之候ハヽ、両御番之内え自今御番替可被　仰付候事、

一　同組頭之悴、只今迄ハ両御番之内え御番入被　仰付候得共、自今ハ大御番ニ可被　仰付候事、

右、大御番之儀は大切之御番ニ候処、只今迄之通ニては大御番より段々御役被　仰付候面々之家筋、再大御番え戻り候事無之故、大御番ニ可被　仰付者次第ニ減少候、如斯ニ候ては、軽き家筋之者をも御番入被　仰付候様ニ成行候ニ付、件之通被　仰

出候以上、

三七

定

一　御広間坊主請取之御座敷御掃除等、入念可仕之、幷使以下疎略にいたすへからす、惣て御直参に向、致不体間敷事、

附、所々はり番所、両人宛無懈怠可相詰事、

一　大名衆出仕之節、取持大勢罷出間敷事、

附、御玄関え進物取次之外、一切不可罷出事、

一　御能之時組頭之外、大広間え大勢不可罷出事、

附、中門之御縁御白洲え、大勢出申間敷事、

一　御右筆部屋え、御右筆衆無指図して、一切参へからさる事、

一　茶湯所火之用心油断仕へからす、湯水等断絶無之様に、きれいに可仕事、

附、他之御座敷え湯水はこひ申間敷事、

一　坊主部屋へ、たとひ御直参衆たりと云とも、入へからす、若断有之は各別事、

一　於御台所御料理被給候衆より、先達て〔より先達て、館本「前々被仰出通」に作る〕不作法に食物下さるへからさる事、

附、給仕不足に無之様可相勤事、

右、可相守此旨者也、

万治二年九月五日

〔御当家令条三三四〕

三八　奥坊主衆御条目

定

一　御召之御茶御湯水等、弥可入念事、
一　御囲に御茶之湯しかけ申節ハ勿論、不断御掃除以下可入念事、
一　奥御勝手坊主壱人宛無懈怠相詰、御茶の湯御用之儀承之、組頭中迄可申届事、
一　御勝手茶之湯所当番の組頭幷御勝手坊主、昼夜無懈怠相勤、御用可承之事、
一　御黒書院御掃除之儀、御礼日之節ハ不及申、不断入念、番替之節ハ改之、請取渡可仕事、
一　表二箇所之茶湯之席に当番之坊主、懈怠なく有之て、御茶御湯水等無滞可出之、但台子之茶之湯ハ、辰刻よりしかけ、未刻以後可相仕舞之、惣て茶之湯ハ御夜詰過仕舞之、他之御座席え茶之湯水等はこふへからさる事、
附、茶之湯之席え一日ニ一両度宛、不定時分、御茶道頭可見廻之、組頭ハ

昼夜に三度宛是又不時に見廻、無油断様に可申付事、
一　御露地者之頭毎日壱人宛罷出、御露地掃除幷御勝手之用事役等、入念可申付事、
一　御茶部屋之儀ハ勿論、御露地の者有之部屋幷御数寄屋方より支配之所々、火の用心かたく申付へし、火の番の坊主昼夜見めくり、不可油断事、
一　御茶部屋え台子部屋之口より出入之下々に至迄、無作法無之様に、毎日御茶道頭組頭相通之可申付事、
一　紀伊殿、水戸殿、尾張殿、左馬頭殿、紀伊宰相殿、水戸中将殿、尾張右兵衛督殿御登　城之節御茶之儀、御目付衆迄申達、以御給仕之面々可進之事、
一　五節句朔日十五日二十八日諸大名出仕之砌、大広間次之御座席に台子をしかけ、御茶可出之、勿論外之御座しきえ御茶もちはこひ申間敷事、
附、諸大名出仕之節、御勝手より差図なく御茶持ちはこふへからす、幷御茶道頭御台子有之所々え見廻、諸事入念候様に可申付事、
一　御道具幷御茶其外諸色品々不紛失様に、不断可入念事、
一　子細なくして諸大名え参るへからす、若無拠儀有之におゐては、其趣頭中え申断可任差図事、
一　御番勤仕之判形改之、御数寄屋坊主ハ勿論、露地之ものに至まで、毎日可改

之事、

一　当番煩之時ハ、急度助番可仕事、

一　御勝手において高雑談すへからす、御黒書院御白書院大広間え　出御之節ハ、別て高声不仕様に、御露地之者を番に付置、相通候輩も高声に無之様に、可入念事、

一　万一以計策悪事頼族有之ハ、勿論同心不仕、不移時、其趣有体に伊豆守幷御茶道頭まで可申上之、領地又ハ金銀米銭にても、其約束之一培可被下之事、

右之条々、可相守此旨者也、

万治二年九月五日

〔武家厳制録四三八〕

三九　殿中御条目

条々

一　於殿中形儀以下慮外之体於有之は、見合次第其人へ相断、可致言上事、
一　於殿中一所に寄合、高雑談有之は、申断、可致言上事、
一　御前近き所において高声、是又其人に堅可申断事、
一　御給仕幷御取次之当番之人、御かけの御奉公令油断付ては、可致言上事、
　　附、当番之者長袴を持せ、可相詰事、
一　囲碁象戯しないうち扇子きりすまい以下於有之ハ、可致言上事、
一　御内書相調、惣して物書候所え寄へからす、幷御用之儀にあらすして硯をかすへからす、若濫之族於有之は、堅申断へし、自然令用捨は、右筆も可為曲事事、
一　祗候之人、御座敷其外塵なと仕義、堅申断へき事、
一　掃除以下堅可申付事、

附、小便所之外小便すへからざる事、
右条々、堅申渡、若於無承引は、急度可致言上、自然令用捨、以来漏聞候においては、権阿弥曲事たるへき者也、
慶長十年八月十日

〔武家厳制録三三五〕

四〇

定

一　於殿中謡舞小歌高難談、万事無形儀之躰、一切仕間敷事、
一　喧嘩口論かたく停止たるへし、自然猥り之輩有之時、縦其場ニ有合候共、荷担せしむるニおいてハ、本人よりも曲事たるへき事、
一　当番令不参おゐてハ、可為曲事事、
一　当番之輩、用事なくして他之座敷に不可在之事、
一　当番之輩、急用於有之者、番頭并目付之者ニ申断、可罷在事、
一　夜詰以後、有明之外、燈不可立置事、
一　寝番之輩、酉刻以前ニ可罷出、但、番替之儀相手替たるへく、并他番と請取渡、是又同前事、
一　諸法度之儀、番頭組頭不念ニ申付、若猥之輩於有之ハ、頭中曲事たるへき事、

元和九年五月十日　　御黒印　　以上引書　御当家令条

〔徳川禁令考七三六八〕

四一

寛永元甲子年五月廿五日

条々

一　殿中祗候之輩、不形儀之躰有之砌、御尋ニ被遣候御使之者、其座之親類知音好之者之儀たりと云共、依怙贔屓なく有躰ニ可申上事、

一　御使ニ被遣候者、其座之躰有様ニ於不申上者、科之軽重ニより、其当人よりも可為曲事事、

一　御使之者其座之儀を不存様ニ於有之者、一座之者ニ被成御尋、有躰不申上者、一座之者可為曲事事、

一　一座之内ニ存候通、有様ニ申上者有之処、相残輩申かくすにおゐてハ、別而可為曲事事、

一　御使之者、其座之様子乍存、不存様ニ於申上者、其一座之者ニ被成御尋、御使其座之躰存候を有様ニ可言上之、申掠におゐてハ猶以可為曲事事、

右之条々可相守之、自然令違背輩あらハ、科之軽重をたゝし、或ハ其年之知行切米被召上、或ハ御改易流罪、又ハ死罪ニ可被仰付者也、

引書　教令類纂

〔徳川禁令考七三七〕

四二

寛永二十未年十月四日

一　一昨夜亥之御祝之刻、諸大名并御家人登　城之砌、於大手、家僕等群レ集て令騒動、因茲向後群参之節ハ、家僕等致減少、可召列之旨被　仰出也、仍今日諸番頭え於営中、老中被伝　仰旨、

〔御触書寛保集成八五四〕

四三

寛永二十一申年十月八日

一　今晩御玄猪ニ衆人登　城之刻限之事、御近習之面々未刻ヨリ同下刻迄　惣番衆未下刻ヨリ申　刻　迄諸衆申刻ヨリ同下刻迄を限ヘシ、此外は如例年たるへきの旨被　仰出之趣、弥可存其旨之由　上意也云々、是例年ハ申刻以後ヨリ酉刻迄之間ニ無残登　城付て、下乗之橋之辺、僕従一同群集シテ騒動之故也云々、

〔御触書寛保集成一一一〕

四四

定

一　弐百石　侍壱人
一　三百石より四百石迄　同弐人
一　五百石より七百石迄　同三人
　但、八百石より上ハ千石ニ付へし
一　千石より千七百石迄　同四人
　右同断
一　弐千石より弐千七百石迄　同六人　右同断
一　三千石より三千七百石迄　同七人　右同断
一　四千石より四千七百石迄　同八人　右同断
一　五千石　同拾人

右之通、出仕并江戸町往還之時、若党召連へし、是より減少は不苦、多く召連候儀無用たるへし、此御定之儀は、人をも致吟味、為可相拘被、仰出候間、

可存其旨、無足又ハ堪忍分被下候といふとも、親の分限に随ひ、若党可召連之、
諸役人ハ制の限にあらす、但御陣御普請之時ハ各別也、
寛永五年辰二月十一日

〔御当家令条二八九〕

四五

元禄十二卯年閏九月

下馬ヨリ下乗橋迄召列人数之覚

一　四品及拾万石以上幷国持之嫡子、侍六人、草履取壱人、挟箱持二人、六尺四人、
雨天之節ハ笠持一人、

一　壱万石以上侍或五人或四人、応分限、此内を以可被列候、草履取壱人、挟箱持
壱人、六尺四人、雨天之節ハ笠持壱人、

下乗ヨリ内え召列人数之覚

一　四品、及拾万石以上幷国持之嫡子侍三人、

一　壱万石以上嫡子共に侍二人　幼少之面々ハ外ニ介添一人可為勝手次第候、
右、草履取壱人、挟箱持壱人　但挟箱ハ中之御門之外に可被残候、
雨天之節ハ笠持壱人、

一　諸番頭、諸物頭、布衣以上之御役人幷中奥御小性衆、三千石以上之寄合、侍二

人、草履取壱人、挟箱持壱人、雨天之節ハ笠持壱人、

一 三千石以下之寄合、布衣以下御役人、中奥御番衆、惣御番衆、侍壱人、草履取

一人、挟箱持壱人、雨天之節は笠持壱人、

一 医師、侍壱人、草履取壱人、挟箱持壱人、薬箱持壱人、雨天之節は笠持壱人、

一 御城に部屋無之面々は、挟箱中之御門之外に可被残事、

但、御役人は可為只今迄之通事、

一 江戸中往還之節、供廻小勢に可被列候、縦国持たりといふ共、騎馬一騎か二騎、

供鎗二本か三本に過へからす、惣体又もの等軽可被列事、

一 九千石ヨリ五千石迄　侍七人か八人

一 四千石ヨリ三千石迄　同六人か七人

一 弐千石ヨリ千石迄　同四人か五人

一 九百石ヨリ三百石迄　同二人か三人

一 弐百石　同壱人か二人

一 五千石以上ハおさへ足軽二人

一 三千石ヨリ四千石迄ハおさへ足軽一人

一 三千石以下ハおさへ足軽無用、

但、番頭幷芙蓉間御役人ハをさへ足軽壱人、

一 軽輩長柄之傘可為無用事、

一 陪臣之輩召列候供之者、右人数に准、弥小勢に可被申付事、

右之趣、急度可被相守候、惣体供之者風俗目立不申候様に、作法宜申付、道をも互ニ片付、通りの障に不罷成様に可被申付候以上、

閏九月

〔御触書寛保集成八六一〕

四六　寛文六丙午年七月廿一日

役料之定

午上刻、御黒書院出御、今日出仕之面々一同御前江被召出、何も御役料被下、且又万事可用倹約之由被仰出之、老中御挨拶申上、御役料員数、於款冬間大和守伝之、弐千俵宛御留守居四人、千俵宛大目付三人、町奉行弐人、御勘定頭三人、御作事奉行弐人、御旗奉行弐人、五百俵宛御留守居番五人、御鑓奉行三人、御普請奉行三人、四百俵宛納戸番頭四人、御腰物奉行頭四人、御船手頭七人、西丸留守居番四人、三百俵宛田付四郎兵衛、大御番頭四十八人、弐百俵宛二丸御留守居番六人、三百表宛御納戸与頭十二人、小十人与頭弐十人、弐百俵宛御裏御門番頭八人、御広敷番頭十人、

引書　柳営日次記

〔徳川禁令考一〇五二〕

四七

享保八卯年六月

諸役人役柄に不応小身之面々、前々より御役料被定置被下候処、知行之高下有之故、今迄被定置候御役料にてハ、小身之者奉公続兼可申候、依之今度御吟味有之、役柄により、其場所不相応ニ小身ニて御役勤候者ハ、御役勤候内御足高被　仰付、御役料増減有之、別紙之通相極候、此旨可申渡旨被　仰出候、

但、此度御定之外取来候御役料は其儘被下置、

御側衆

五千石より内ハ
五千石之高ニ可被成下候、

高井飛騨守

千俵充御役料
被下之候、

土岐信濃守

御小性

御小納戸

五百石より内ハ
五百石之高ニ「可」被成下候、

長福様附
同断

御役料今迄之通千石より内ハ三百俵、但部屋住之者ハ只今迄之通、御切米御役料可被下候、次男ニても同断、

御広敷

御用人　五百石より内ハ五百石之高ニ可被成下候、

高家衆　千五百石より内は千五百石之高ニ可被成下候、

御役料今迄之通三百俵、

肝煎ハ御役料八百俵可被下候、

御留守居衆・大御番頭　五千石より内ハ五千石之高ニ可被成下候、

御書院番頭・御小性組番頭　四千石より内ハ四千石之高ニ可被成下候、

大目付・町奉行・御勘定奉行　三千石より内ハ三千石之高ニ可被成下候、

御旗奉行　弐千石より内ハ弐千石之高ニ可被成下候、

百人組之頭　三千石より内ハ三千石之高ニ可被成下候、

御鑓奉行　弐千石より内ハ弐千石之高ニ可被成下候、

御持弓御持筒之頭　千五百石より内ハ千五百石之高ニ可被成下候、

西丸御留守居　弐千石より内ハ弐千石之高ニ可被成下候、

小普請組支配　三千石より内ハ三千石之高ニ可被成下候、

新御番頭
御作事奉行
御普請奉行
小普請奉行
　弐千石より内ハ弐千石之高ニ可被成下候、

惣御弓御鉄炮頭　千五百石より内ハ千五百石之高ニ可被成下候、

御留守居番
御目付
御使番
御書院番組頭
御小性組之組頭
　千石より内ハ千石之高ニ可被成下候、

西丸御裏御門番頭　七百石より内ハ七百石之高ニ可被成下候、

千石より内ハ
千石之高ニ可被成下候、

七百石より内ハ
七百石之高ニ可被成下候、

六百石より内ハ
六百石之高ニ可被成下候、
高之多少に無構
御役料弐百俵可被下候、
六百石より内ハ
六百石之高ニ可被成下候、
三百石より内ハ
三百石之高ニ可被成下候、

四百石より内ハ
四百石之高ニ可被成下候、

高之の多少ニ無構
御役料弐百俵可被下候、

四百石より内ハ
四百石之高ニ可被成下候、

高之多少ニ無構
御役料弐百俵可被成下候、

御徒頭
小十人頭
元方 払方
二丸御留守居
御納戸頭
御腰物奉行
御船手
新御番組頭
御膳奉行
大御番組頭
小十人之組頭
西丸切手御門番頭
御裏門切手番頭
御広敷番之頭
御天守番之頭
富士見 御宝蔵 番之頭
御賄頭

一位様
月光院様
御用人

七百石より内ハ
七百石之高ニ可被成下候、
御役料弐百俵可被下候、

瑞春院様
浄円院様
御用人

五百石より内ハ
五百石之高ニ可被成下候、
御役料弐百俵可被下候、

竹姫君様
法心院殿
蓮浄院殿
寿光院殿
御用人

四百石より内ハ
四百石之高ニ可被成下候、
御役料弐百俵可被下候、

〔御触書寛保集成一七一三〕

四八

覚　実子惣領

一　御番御奉公いたし候にも、致　御目見候にも、又幼少にて　御目見不仕候にも、実子之分申分無之にハ、跡職不残被下候事、

一　知行御切米跡職被　仰付候者、七月よりすゑに相果候分にハ、惣領之知行にても、御切米にても、其年は被下之、翌年より指上可申事、

一　兄弟有之者にハ、親之知行高により、次男にも似合敷程わけ被下候も有之、致御奉公候ものハ勿論、御目見不仕候者にも分被下候事有之、兄之拝領分を相応に被下儀も有之事、

一　十年以前並之御加増も、去年より本知並に被下事、

一　親之知行と子之知行と同高にて候えハ、本知ニて候之間、親之知行と替被下候様にと申ものニハ、替被下儀も有之事、

一　養子跡目之儀、前廉より番頭、組頭相断、見せ置候分は、実子並に被下候、但当暮より伊豆守、豊後守、対馬守、民部少輔に、前廉養子見せ置候様にと被

107

仰出候事、

寛永十九年十月三日

〔御当家令条二九三〕

四九

覚

一　跡目之儀書上申候にハ、父之年惣領之名年并次男三男共ニ、不残書可申候事、

一　相果候年月日書可申事、

一　養子は実父之名年書可申候、尤養子名年書可申事、

一　養子仕候節、誰同道ニて御老中又ハ頭々え見せ置候月日、是又書可申候事、

一　養子之時ハ、此外に養子議可仕近キ親類無之わけをも、交文書載可申事、

申六月日

〔御当家令条三〇六〕

五〇

宝暦三酉年十月

妾腹ニ男子致出生候以後、妻ニ男子致出生、右妾腹之男子次男ニ致し置候者、右次男年増ニ候得共、弟ニ相立候儀ニ候間、兄之養子ニ相願候ても不苦候、右之外年増之者幷年増ニ無之候ても伯父之続候は、唯今迄之通可相願候、
右之趣、寄々可被相触候、

十月

〔御触書宝暦集成七九八〕

五一

宝暦十辰年五月

御目見以上之者え、只今迄　御目見以下よりも養子相願候得共、向後　御目見以下よりは、親類之外他人養子ハ難成候、

但、右親類と有之は、又従弟迄之事ニ候、

右之通、宝暦八寅年相達候得共、　御目見以上にても高低之ものハ、　御目見以下にても上下格之者より、養子可被　仰付候、

一　医師之類は家業有之者ニ付、家業宜早速より御用立候者を願候ハヽ、　御目見以下幷町医師等之悴にても、養子被　仰付候、右之通家業之訳を以被　仰付候事ニ候得は、家業宜と計ニては難相成候、家業専ら仕、早速より御用ニ立候ものを　随分吟味いたし、可相願候、猶又相糺候上被　仰付ニて可有之候、

五月

右之通、組支配有之面々え、寄々可被相達候、

〔御触書天明集成一八二五〕

五二

元禄十三辰年十一月

覚

嫡子之外、せかれ　御目見願之儀、以後分知をも可仕と存候者は、御目見相願候儀勝手次第候、分知をも仕間敷と存候者は願無用候、　御目見願之、被　仰付候ても、不被　召出候得は、右之者以後御直参え之養子ニ遣之候儀ハ各別、家中等え之在付ハ可難成候間、其趣を可存候、尤最前致　御目見候共、分知仕間敷と存候者は、勝手次第相応にかた付可申候以上、

十一月

〔御触書寛保集成九七六〕

五三

条々

一　総領家所領之内を分知し、　別御朱印ハ頂戴なき面々、総領家を相続すへきものなく、其つゝき近きによりて、一子を以て本家之養子とすへき由を望申之、御恩許におゐて、自分之家は養子を以て相続に及ふへからす、其身一代之後、其分知は本家へ還し附らるへき事、

附、息男多くして一人を以て本家の養子とし、一人を以て自分之家を相続せしめ候は、其願に任せらるへき事、

一　前条のことくに、一子を以て本家を相続せしめ、或は老後に及ひ、或ハ病身に至るといへとも、其家を譲るへきものなき故によりて、隠居之願も難申輩は、其旨を言上すへし、別儀を以て、　公儀之勤仕は　御免許あるへき事、

附、分知之所領は其身一代之後に、本家へ還し入れ候上ハ、常々召仕候家人等流浪無之様に、本家ニおゐて扶助之事は勿論たるへき事、

一　総領家所領之内を分知して　別御朱印を頂戴し、其家相立候面々、総領家を

相続すへきものなきに依て、御恩許を蒙り、其一子を以て本家之養子ニ遣す
といへとも、既に本家の外に其家を立下され候上は、自分もまた親族之中を
撰ひ、其家を相続せしむへきにおゐては、其旨を　言上して上裁を伺ふへき事、
附、たとひ別に其家相立候とも、其身本家を続き候におゐては、此例には
准すへからさる事、
右条々、宜得其旨候者也、
正徳六年中閏二月

〔御触書寛保集成九八二〕

五四　小普請金取立之事

覚

一　小普請金例年面々方ニて金ハ後藤包、銀は常是包ニ致し、七月三分一、十一月三分二可出之、金銀納候儀は取立之役人より元方御金蔵え可相納、但端銀之分ハ三分之一之方え付候て可取立事、

一　小普請之面々或は隠居或ハ死去ニ付、無足之子跡式被下之、直ニ小普請入候ハヽ、小普請金可出之、分知配当も可為同前、但分知配当之子、五百俵以下之高ニても、幾人ニわかり候とも、父隠居死去之月迄ハ、父之分限ニ応シ、月割を以、父之名ニて役金可出之、何月跡式被　仰付候共、父隠居死去之翌月より、分知之高ニ応シ、分知之子之名ニて役金可出之、地方御切米共可為同前之事、

附、父何月死去隠居ニて、跡式何月被　仰付候共、其間之月共に役金之割

ニ入候事。

一　父小普請組、子は御奉公相勤候は、父隠居又は死去、子に跡式被　仰付候ハヽ、何月ニても隠居死去之月迄之分月割を以、小普請金可出之、地方取御切米取共ニ可為同前、但父御切米取ニて、春借米も不請取以前ニ相果候か、隠居仕ニおゐてハ、小普請金月割ニて不及出候事、

一　父子共に小普請組ニて、知行御切米各々に取来、父隠居か死去にて、跡式子ニ被下候ハヽ、其年之小普請金は父子共に月割之積を以可出之、跡式子ニ被　仰付候月より子之分限に直し、父死去隠居之月迄を父之分限積、其間之月は父之小普請金割可除、跡式被　仰付候前月迄之分は、子之分限を以役金可出之事、

一　父子共小普請組ニて知行御切米各々取来、七月十一月両度之小普請金相納之以後、父相果、極月子ニ跡式被仰付候共、小普請金は父子相納候儘ニて可差置事、

一　十一月小普請金取立仕廻候以後、十一月ニても十二月ニても、小普請ニ入候面々役金之儀、翌正月迄取立之、其年切之帳面ニ可記之、惣て十一月取立仕廻候て之後可取立分、翌年ニ至り取立候共、翌年之帳面ニ不可入事、

一　実子養子共に、跡式被　仰付候まてハ、小普請金差扣、被　仰付候上ニて此書

面之通に可仕事、

一　父より子之分限増し候か、又ハ同高ニて父死去之後跡目之被　仰付無之候ハヽ、其年分之父之小普請金不及出之、且又小普請金出之候上ニて相果候ハヽ、可為其通、地方御切米共ニ同前之事、

一　知行高何石迄役金割懸ケ可申候、御切米高も何俵迄可入割ニ、其末之端石端俵は割ニ可除事、

一　拾人扶持は五拾俵之積たるへし、惣て御扶持方取可准之事、

一　小普請金割之勘定ニ端銀ハ何ン分まてハ用之、何厘より可捨之事、

一　小普請組より御奉行ニ出候も、又御奉公人より小普請組え入候も、其年之小普請金月割を以可出之、但出候ものハ其月より役金除之、入候者ハ其月より可出之事、

附、何月小普請ニ入候とも、其月より其年中之月数三分一を七月可出之、三分二ヲ十一月可納、但七月以後入候ハヽ、十一月一度可出之、役金出候上ニて御奉公ニ出候者、七月三分一之役金出之候後、御奉公に出候ハヽ、其上ニて月割之積可取立、且又十一月不残役金之候上ニて御奉公ニ出候ハヽ、可為其通候事、

一　新規ニ被　召出、知行又ハ御切米被下、直ニ小普請ニ入候ハヽ、入候面々縦ハ何月入候とも、其年之物成不残於被下之ハ、小普請金不残可出之、半分被下候ハヽ、小普請金も半分可出之、七月前ニ物成請取候ハヽ、何も並に七月十一月、両度ニ小普請金可出之、七月以後物成受取候ハヽ、十一月一度に可出之事、

一　在番は被　仰付候前月迄之積小普請金可出之、在番より帰府之面々ハ翌月より可出之、

一　所々御門番相勤候ハヽ、御免之翌月より小普請「金」可出之、且又所々之明地掃除致させ候輩ハ、是又御免翌月より役金可出之事、

一　閉門逼塞之輩ハ、小普請金相除、御免之以後小普請ニ入候ハヽ、入候月より之積役金可出之、地方ニても御切米ニても可為同前、但逼塞は品ニ寄役金可出之候間、支配方え可被相伺候、遠慮之輩ハ遠慮中共ニ、小普請金可出之事、

附、其年之御切米不請取者ハ、御免之後も役金不及出候事、

一　七拾歳以上ニて御役御免之面々ハ、如有来小普請金不及出之、但前々より小普請金出し来候面々ハ、七拾歳有余ニ成候共、役金可出之事、

一　跡式潰候輩は、其年之役金出し候に不及、但役金出候以後、跡式潰候ハヽ、可

為其通候事、

一　知行御切米幷御扶持方共ニ、閏月ハ不可入勘定事、

一　小普請金出し来候面々之内、何ニても当分御用被　仰付、相勤候ハヽ、其年之小普請金差扣、支配方え相達、差図之上可相納事、

一　現米ニて御切米取候面々ハ、三斗五升入之俵高ニ直し、小普請金可出之事、
　附、銀は金壱両ニ六拾目替之可為勘定事、

一　面々より相納候金銀取立之役人ニて包直し、御金蔵え上納可有之事、

右書付之通、当午之十一月より可相定之候以上、

　元禄三年午十一月

〔御触書寛保集成二九〇三〕

五五　後閤概旨一

徳川家ノ制度ハ、殿中ヲ三分シテ、第一ヲ大表ト云フ。第二ヲ奥ト云フ。第三ヲ大奥ト云フ。第三ノ大奥ヨリ第二ヲサシテ表ト云ヒ、第一ヲサシテ大表ト云フ。コレ大別ナリ。

○第一大表ト云フハ、玄関・虎之間・殿上之間・柳之間・大広間・白書院・黒書院・帝鑑之間・雁之間・焼火間・躑躅之間等ヲイフナリ。三家・諸大名・小大名皆夫々ノ席ニ伺公《(候)カ》ス。其他奏者番・大目付・勘定奉行・寺社奉行・町奉行等ハ、表ノ役人ニシテ、夫々ノ詰所皆表ニ設置セリ。及諸吏皆然リ。第二ノ奥ニ入ルコトヲ許サル、ナリ。大表ヲ区別シテ二トス。玄関・大広間・柳之間・大廊下・白書院マテヲ大表トス。帝鑑之間辺ヨリ諸役人等ノ詰所・部屋々々等コレヲ勝手ト云フ。溜詰ハ、数寄屋坊主ノ詰所ヲ扣所トス。先勝手ノ方ナリ。黒書院ハ大表ト奥ノ堺ニアリ。黒書院ノ裡ニ錠口アリテ、常ニ杉戸ニテ閉鎖セリ。将軍家大表ヘ出御、或ハ三家・溜詰大名等目見ノ節ハ、此杉戸ノ錠ヲ開キテ出入スルヲ定規トス。錠口ノ開閉ハ小納戸コレヲ管掌セリ此錠口ハ、上ノ錠口ニシテ、常ニ出入ヲ禁ス。又勝手ノ口ニ銅壺ノ間マデハ表役人参ル、時計ノ間即ソコニ坊主アリ口奥ト云フアリ、コレ表奥ノ境界ナリ。口奥坊主常ニ該所ニ居リテ、見張リ検査スル役ナリ。夜必此口ヲ閉鎖ス。表役人ハ、奥ニ入ルヲ允許セズ。奥役人ト面談ハ、此口ノ内ニ奥役人坐シ、表役人ハ敷居口ノ外ニ坐セリ。奥役人ハ、表ニ到ルヲ許サス。老中・若年寄ハ、詰所奥ノ内ニ設置セリ。老中ノ詰所ヲ用部屋ト云フ。諸人此用部屋ニ入ルヲ禁ス。不得已事故アルトキハ、三奉行・大目付・目付等用部屋ニ入ルコトアリ。老中ヨリ以同朋頭召呼フ時ハ、応招テ入リ談話アリ。至急ノ用事ノトキハ、三奉行・大目付・目付ヨリ以同朋頭申入レ、許シヲ経テ用部屋ニ入リ用談ス。大概ノ用事ハ、三奉行・大小目付・老中毎日登城用部屋ニ入ル前、於坐敷用談所三ケ所アリ羽目之間溜新番所溜新部屋等ナリ用談ス。コレ常例ナリ。

老中ハ毎日登城ナリ。四ツ時ノ太鼓ヲウツヲ聞テ、出門早足ナリ。登城口ハ老中口ト云所ヨリ出入ス。若年寄同断。諸役人奏者番・三奉行・遠国奉行・大小目付・小十人頭・徒頭其外ナリ勝手方ノ役人三奉行・大小目付ノ類ナリハ、中ノ口ヨリ出入スルナリ。当番ノ目付、其外番方小性組・書院番・大番ハ玄関ナリ。三家始諸大名ハ玄関ナリ。

時計ノ間ニ時計アルノミ、時計坊主アリ、コレヲ管掌ス。表奥ノ境ニシテ、奥口ニアリ。表ノ者コレニ入ルヲ許サス。

○奥ノ部　奥ト云ハ、諸大名ニテイヘハ中奥ナリ。黒書院ノ裏ニ錠口アリ、錠口以内ヲ奥ト云フ。大略イヘハ、御坐之間アリ、大凡黒書院ト同様ナリ。三家並溜詰・大廊下其他大名ノ内ニテモ、事ニヨリ御坐之間ニテ目見アリ。朔望・八朔・五節句等、三卿方ハ御坐ノ間目見ナリ。老中・若年寄目見同所ナリ。奥ノ書院ナリ。

又御坐之間ノ奥ニ休息所アリ。コレヲ御休息ト云。御坐ノ間ニ此スレハ小ナレ共、上段下段三ノ間マテアリ。将軍家ノ常御殿ナリ。乍併御座之間ニ継テノ坐敷ナリ。常ノ居間ニナリテ、コ、ニ住セス。老中罷出、用談其他祝事宴会等ノ時ニ用ユルナリ。三卿或御台所、姫君方年始祝詞登城吸物酒肴等饗応スル所ナリ。或ハ側衆対面モ、時トシテハアルヨシ。又其奥ニ小坐敷アリ。コレ将軍家ノ常ニ住居スル所ナリ。乍併表寝ノ時ハ、御寝所有之由ナリシト云フ。未タ其確乎タルヲシラズ。

御休息ノ次ニ、次番アリテ詰居ル。朝ヨリ引ケ迄、三人ツ、半時代リ 半時代リハ四時四ツ半時ノ如シ 平常ハ継上下（夜詰マテナリ）、式日ハ麻上下ナリ。式日ハ老中退散ノ後、免許ノ後継上下ニナルト云フ。小納戸ノ役ナリ。

老中始諸役人ハ、所謂政府ノ役人ナリ。奥向役人ノ長官ハ側衆ナリ。側衆ノ中ニ二アリ。一ハ用取次側衆ト云ヒ、二ハ側衆ナリ。コレヲ平側衆ト云フ。用取次ノ側衆ハ、権力頗ル壮盛ニシテ、日出ノ勢アリト云フ。老中モ畏懼スル程ナリ。此用取次ハ、老中部屋へ常ニ出入シ、老中ヨリ言上等ノ儀ハ、大事件ノ外ハ、用取次ヲ以テ上申シ、或ハ諸大夫席ハ（似勅任官）役替ハ、老中直ニ御前ニ到リ乞可決、布衣以下ノ役替ハ（似奏任官）用取次ヲ以テ言上スルコトモアリ。或ハ将軍家用事、大事件ヲ除ク外ハ、以用取次老中へ下命スルヲ例トス。其他用取次ハ、奥向ノ取締ヲ旨トシ、小姓・小納戸又女中向ノ取締、都テ手元ノ用事ヲ奉務シ、三卿方ノ家老ヨリ談事ヲ受ケ、三卿方ノ用事又家務ヲモ管掌スルナリ。奥向ノ長官ナリ。側衆ハ、用取次ト同様ニシテ、権力ハ毫モコレナシ。用取次モ側衆ノウチナリ。席順ハ並側衆ト同様ニシテ、側衆ノウチヨリ選挙サル、ナリ。選挙法ハ、先小姓頭取、小納戸頭取ノ数年経歴アルモノヲ被命ナリ。表役人ヲ勤ム番頭トカ、留守居トカ勤仕シテ、数年功労アル者ヲ側衆ニ被申付ルハ、先慰労ノ姿ナリ。乍併、大目付其他表役人ニテモ、以前側向勤仕シテ熟知スル者ハ、用取次ニ被命トノコトナリ。平側衆ト云ハ、老中ヨリ機嫌伺ノ時用部屋へ出ルコトアリ。奥向中ノ表向ノ規式ニ関スルマテノモノトス。用取次側衆ハ、老中口又ハ石ノ間中ノ口ヨリ昇降ス。側衆ハ老中口ヨリ出入ス。老中ハ、同朋頭ヲ以テ諸役人ヲ呼ヒ、又用取次側衆ハ、奥坊主ヲ使ヒ、方今諸省給仕ニ於ケルカ如シ。

老中始、殿中表奥一同、毎日料理ヲ被下。乍併其人ノ好ミニヨリ、弁当持参スルモノモアリ。側衆ハ日勤シテ、昼番・泊番アリ。夜詰側衆目付ヲ呼相達ス用取次ハ、日勤泊番ナク、老中退出以後各退散スルヲ例トス。

〔幕儀参考稿本、松平春嶽全集第一巻〕

五六

○殿中ニ三ツの名称あり。大広間・御白書院・御黒書院・大廊下・柳の間・帝鑑の間・雁の間、其他表役人詰所を以て表とす。老中部屋・若年寄・御側衆、並御小姓・御小納戸、其他部屋ニ、御座の間、御休息・御小座敷等を以て奥と称す。御錠口内、御小座敷・御対面所・御台様御居間・女中詰所・女中部屋・御広敷を以て大奥と称す。奥表の境ハ、御黒書院御連歌の間の脇ニ杉戸あり、御錠口といふ、常ニ閉鎖す。奥大奥の境ハ、御休息の脇に御錠口あり、常ニ〆切りてあるよし。奥の番御小納戸の内数人ありて、一人ツ、詰所ありて詰居り、老中及御側衆、女中と老女面談の節ハ、杉戸を明け、老中御側衆面会いたし度と御錠口女中ノ役名へ掛合、又老女より面会いたし度節は、以御錠口奥ノ番へ掛合、其節ハ御錠口杉戸を明け、又将軍家御出入の節ハ、尤御錠口杉戸を明ル。大奥ハ女中の部也、御広敷ハ御留守居・御広敷・御用人其外小役人居れり。ゆへに御広敷と大奥の境ニ錠口あり、男子ハ錠口の内へ入る事を禁す。女中ハ錠口外へ入る事を禁せり。御休息脇の御錠口を上の御錠口といひ、御広敷の御錠口を下の御錠口と称す。尤、表奥の境御錠口ハあれとも、焚火の間脇ニ時計の間あり。又外にも奥へ参候道あり。役人抔ハ皆別口より奥ニ入る、乍併役人の外一切奥へ入るを禁す。又奥の者ハ表へ入るを禁せり。奥より御座敷へ参候道、別ニあるよし。却説女中の方よりいへハ、御休息・御側衆・御小姓・御小納戸を以て御表といふ。御黒書院を始め表の役人を大御表といふ。御側衆・御小姓・御小納戸抔より、女中の方を奥といひ、表の役人、御黒書院を始をさして表といへり。

〔前世界雑話稿本、松平春嶽全集第一巻〕

五七　御奥方御条目

定

一　御奥方御法度之儀、宇都野九郎右衛門、中根仁左衛門、柳澤孫左衛門、山鳥三左衛門、長田理兵衛、鈴木杢之助、横山藤左衛門、大久保金兵衛、伊藤五左衛門、本多十蔵、此十人之内二人にて一日一夜宛相勤之、万事善悪之儀申付へし、若背、御下知、不届之族於有之ハ、無用捨申上之、令遠慮、於不申上ハ、十人之面々曲事たるへし、諸事本多美濃守、伊澤隼人正、北条右近太夫、渡辺丹後守可有相談事、

　附、四人之衆不有合、差当儀有之ハ、五人の御留守居番え可相談事、

一　切手御門之儀、申刻以後は出入有へからす、勿論手形なくして女上下共に、一切通すへからす、但し無拠子細あらは、申刻以後たりといふとも、近江、岡野、〔通、おさし手形相添候ハ、通へし、暮六ツ過においては、縦手形之上断有共、通

すへからさる事、閣甲本乙本中「出」に作る〕

附、夜中に自然御用あらは、近江、岡野、おさし、此三人之内より十人之番頭当番へ手形を以相断へし、切手御門之外之御門ハ、五人之御留守居番え申断之、御留守居番より久世大和守、内藤出雲守、土屋但馬守、此三人之内当番之差図を請、通すへし、切手御門ハ五人之御留守居番当番え申断之、其上御留守居番より切手御門番頭え相断、通すへき事、

一　役人之外奥之御台所え参へからす、惣て十人の面々番所より奥へ、男一切出入すへからす、御留守中ハ掃除をもいたすへからさる事、

附、男子七才まではしめ戸の内え入可申事、

一　奥方御用之儀、近江、岡野、おさし書付を以て御表使え渡之、十人の番頭当番へ相達し、御用調へし、但三人の女中有合さる時は、二人にても書付出さるへき事、

一　上池院、玄竹、清庵、宗庵、養泉、奥御台所迄参へし、此外之医呼寄すして叶さる時ハ、美作守、隼人正、右近太夫、丹後守、十人之番頭之内遂相談、召寄へし、右四人有合さる時ハ、五人之御留守居番之内、当番え可相談事、

一　女中煩大切にて、表え出る儀なりかたき時は、近江、岡野、おさしより、十人

の番頭当番え書付にて相断、其上医師召寄、広敷番頭彼部屋迄参へし、自然参りにくき部屋に居住の女中ハ煩またしき内、部屋かへいたし可有之事、
一　乗物にて直に奥え通らるゝ女中は、乗物の戸を御表使ひらき見改之、可相通事、
一　はシり込の女一切停止の事、
一　長持櫃つゝら出入之儀、十貫目計までは、ふたを明あらたむるにおよはす、それより重く不審成分ハ、ふたを明、改之、通へき事、
一　奥方御普請有之間、大工人足通す儀、美作守、隼人正、右近太夫、丹後守へ相断、差図之上可通事、
一　火の用心之事、
一　火之番之者二人にて、一日一夜宛相勤へし、請取渡時ハいろりの儀ハ勿論、屋根うら以下まて入念あらたむへき事、
一　大火を焼さるやうに、かたく可申付事、
一　夜中にも三度宛廻り、火の用心以下申付へし、風吹之時ハ、いよいよ油断すへからさる事、
一　風呂焼之儀、朝五ツ時より晩七ツ時を限へし、夫より後ハ、断有とも、たくへからさる事、

一 相定燈之外ハ、ちやうちんほんほりにて用所叶へし、此外ハ停止之事、
一 万一甚地震火事之時、近江、岡野、おさし改有之節、美作守、隼人正、右近太夫、丹後守幷五人の御留主居番之内有合之面々、広敷番頭同道いたし、奥方え参り、諸事見合、差図あるへき事、
一 御城近所甚火事出来之節ハ、広敷番頭、同添番、非番たりといふとも、梅林坂下迄相詰可申事、
一 御納戸方御用之時ハ、番頭、組頭奥御台所迄罷越、承へき事、
附、町人ハ後藤源左衛門、幸阿弥、此二人ハ御用次第、奥の御台所まてまいるへし、其外之諸職人御用有之ハ、美作守、隼人正、右近太夫、丹後守相談之上可召寄事、
一 御細工方御用之時ハ、矢部四郎兵衛奥御台所まて罷越、可承事、
右、可被相守此旨者也、仍執達如件、
万治二年九月五日

〔武家厳制録四四〇〕

五八

（前略）

◎問　女の役人は、総体何人位でありますか。

◎答　およその勘定をして見ましょう。

御年寄	七人
御客会釈	五人
御錠口詰　右格	二人
御錠口衆	五人
中﨟	八人
御錠口助	二人
御次	十人①
御坊主	三人
表使	七人

［校注］上記の役職・人数一覧に、次の諸役・人数を補っておく。上記の人数を合わせてみると「百六十二人」で、本文にある「惣計百七十人」にはならない。次のを加えることによって、その「惣数」に近づくことができる。追加・挿入する箇所は、

御右筆　十人②
御切手　四人
呉服間　十人③
御広座敷　十人
御三の間　十五人④
御末頭　右格　二人
御仲居　六人
御火番　十三人
御使番　十三人
御末　三十人
惣計百七十人、

諸役名の上に付した①～④と同じ番号を印したところである。
①御次頭　二人
②御右筆頭　二人
③呉服間頭　一人
④御三の間頭　一人
なお、御坊主の「三人」を「四人」とする。

右は、ただ私の心覚えで、将軍家だけであります。御台様の方もたいがい変りませぬが、少しは減っておりましょう。

◎問　その中に、御目見以下というのがありますか。

◎答　以下は御末頭とか、御三の間は、御目見以下であります。

◎問　御年寄七人の中に、上臈は何人おりましたか。
◎答　御上臈は確か三人でございました。私の存じておりますのは六人御在《おい》ででありまして、三人はただの御年寄で、並の御年寄が三人、御上臈が三人で、並の御年寄は滝山さん、瀬川さん、早川さんと確か三人でございました。だいたいが六人のように覚えております。
◎問　上臈、小上臈というのがありましたか。
◎答　さようでございます。小上臈と申すのがございまして、十歳位で御勤めであったのがございました。飛鳥井さんとか申しましてきまっておりました。みな御公家様でございました。通り名がきまっていたようでございました。御年寄の名はその時々に依って違います。姉小路という御方がございまして、慎徳院様の御逝去の後まで一人残って御在《おい》でなさいました。
◎問　その名は、自分の生家《さと》の名字《みょうじ》でありましたか。
◎答　さようではありません。こちらにも通名《とおりな》がありまして、上から下さるので、上臈年寄になりますと、飛鳥井とか姉小路とかいう名を頂戴するのであります。
◎問　上臈の中に十歳位の人がおりましたか。
◎答　小上臈の方でございます。お若いのは御千代さんとか何とか申されますので、御用の事をなさるのは御年寄で、お若いのは御中﨟と同じようなことをしておられます。むつかしいことはなさりません。御代によって、御小上﨟はあることもないこともございます。

◎問　可笑《おかし》い名のある人は、幾人ありましたか。

◎答　三人でございます。ただの御年寄で滝山さん、瀬川さんというのでございます。御上﨟の方は三字名でございました。お婢《はした》の名は源氏名でございました。御使い番も源氏名で、お末頭はおの字が付くのでございました。後《あと》はみな紅梅さんとか何とか申すのでございます。

（後略）

〔旧事諮問録上、一九三頁、岩波文庫〕

五九

正保四寅年四月十九日
諸大名証人之事

杉浦内蔵允方より諸大名江証人書付遣ス、

一　知行高之事、
一　実子惣領之事、
一　証人歳之事、
一　次男を出候時ハ、惣領証人ニ不成子細書付可申事、
一　母ハ子無之子細を書付可申事、
一　養子を為証人出し、実子無之子細を書付可出之、附、養子ハ親類歟、他人歟、或ハ聟養子たる歟、其節之仮名委細書付可出之事、
一　兄弟あらハ証人ハ差次何番目と書付可申、惣領も差次も証人に不成時ハ、其子細書付可出之事、

一　姉妹を証人に差上候ハヽ、男之兄弟証人に不成子細、書付可出之事、
一　孫を以証人とする時ハ、嫡子之子歟、次男三男之子歟、且外孫ならハ実父之仮名を書付可遣事、
一　娘を以証人とせハ、実子無之の子細を書付可出、娘も惣領歟、二番目歟、若末之娘ならハ、惣領娘之証人に不成子細を書付可出之事、
四月十九日
右御書付出ル故ニ、諸大名方ヨリ追々証人之事ニ付、書付を証人奉行衆へ遣ス、爰ニ伊達遠江守秀宗より之書付今日遣ス、大略皆如左、

覚

知行高千石　家老須田彦右衛門
右彦右衛門ハ隠居六十七歳ニ罷成候得共、折々用事申付置候、
一　右之惣領　須田隼人　三十九歳
娘猿松
一　次男　須田内記　三十一歳

　　　　子山三郎　六歳

一　三男　須田権三郎　十三歳

右子供三人何も実子、但、隼人、内記一腹にて、権三郎ハ別腹也、

一　知行高千百石　家老桜田監物三十九歳

始之名ハ玄蕃と申候、

一　惣領　同　孫助二十歳

此孫介ハ、来年須田内記か代りとして参勤仕候、

一　次男　同虎之介十四歳

一　三女子　国《クニ》　十歳

一　四女子　伝《テン》　八歳

一　五男　同　乙松六歳

右子供五人何も実子、但、惣領孫介一人ハ先腹之子、残ル四人ハ後腹にて一腹にて御坐候、

亥四月廿二日　　伊達遠江守

　　　　秀　宗判

杉浦内蔵允殿

稲垣若狭守殿
酒井紀伊守殿

引書　教令類纂
寛明日記

〔徳川禁令考二三八四〕

六〇

〇十六日軍役の定制を令せらる。千石人数廿三人。持鎗二本。弓一張。銃一挺。千百石廿五人。持鎗三本。弓一張。銃一挺。千二百石二十七人。持鎗三本。弓一張。銃一挺。千三百石廿九人。持鎗三本。弓一張。銃一挺。千四百石三十一人。持鎗。弓。銃上におなじ。千五百石三十三人。持鎗三本。弓一張。銃二挺。千六百石三十五人。鎗。弓。銃上に同じ。千七百石三十七人。持鎗四本。弓一張。銃二挺。千八百石三十九人。鎗。弓。銃上に同じ。千九百石四十一人。鎗。弓。銃は上に同じ。二千石四十三人。銃二挺。弓一張。鎗五本。三千石馬上二騎。銃三挺。弓二張。鎗五本。四千石馬上三騎。統五挺。弓二張。鎗十本。旗一本。五千石馬上五騎。銃五挺。弓三張。鎗十本。旗二本。六千石馬上五騎。銃十挺。弓五張。鎗十本。旗二本。七千石馬上六騎。銃十五挺。弓五張。鎗十本。旗二本。八千石馬上七騎。銃十五挺。弓十張。鎗廿本。旗二本。九千石。馬上八騎。弓。銃。鎗。旗上に同じ。一万石馬上十騎。銃廿挺。弓十張。鎗三十本。旗三本。たゞし対の持鎗ともたるべし。二万石馬上廿騎。銃五十挺。弓二十張。鎗五十本。旗五本。対持鎗上に同じ。三万石馬上三十五騎。銃八十挺。弓二十張。鎗七十本。旗五本。持鎗上に同じ。四万石馬上四十五騎。銃百二十挺。弓三十張。鎗七十本。旗八本。持鎗ともなり。五万石馬上七十騎。銃百五十挺。弓三十張。鎗八十本。旗十本。持鎗共なり。六万石馬上九十騎。銃百七十挺。弓三十張。鎗九十本。旗十本。持鎗ともなり。七万石馬上百十騎。銃二百挺。弓五十張。鎗百本。旗十五本。たゞし対鎗ともなり。八万石馬上百三十騎。銃二百五十挺。弓五十張。鎗百十本。旗十五本。対鎗とも。九万石馬上百五十騎。銃三百挺。弓六十張。鎗百三十本。旗二十本。対鎗とも。十万石馬上百七十騎。銃三百五十挺。弓六十張。鎗百五十本。旗二十本。対鎗ともたるべしとなり。」又月俸の制は百石七人。百五十石。二百石は十人。二百五十石十一人。三百石十二人。三百五十石十三人。四百石十四人。四百五十石十五人。五百石十六人。五百五十石十七人。六百石十八人。六百五十石十九人。七百石二十人。七百五十石廿一人。八百石廿二人。〔此下脱有カ〕千百石廿五人。千二百石廿六人。千三百石廿七人。千四百石廿八人。千五百石廿九人。千六百石三十人。千七百石三十一人。千八百石三十二人。千九百石三十三人。二千石三十四人。二千百石三十五人。二千二百石三十六人。二千三百石三十七人。二千四百石三十八人。二千五百石三十九人。二千六百石四十人。二千七百石四十一人。二千八百石四十二人。二千九百石四十三人。三千石四十五人。

四千石六十人。五千石七十五人。一万石百五十人。弐万石三百人。三万石四百五十人。四万石六百人。五万石七百五十人。六万石九百人。七万石千五十人。八万石千二百人。九万石千三百五十人。十万石千五百人たるべし。これは上洛並に日光山御参の時の制なり。軍陣には一倍増して賜はるべし。碓氷。小佛。箱根。白河の関をこえば。これも一倍たるべし。四関の中は遠近にかゝはらず。五割増て下さるべし。府下並に一日往来の地は。増加あるまじとなり。(条令、憲教類典)

(中略)

○十九日(略)又目付使番の輩には。定制の軍役をゆるさるれば。平日人馬をたしなむべし。両番。大番。千石以下の輩。分限に応じ武具人馬のたしなみ怠るべからずと伝へらる。其制弐百石は侍。甲持。鎗持。挟箱持。小荷駄。沓取。各一人。朧二人。すべて八人。三百石は侍。朧。小荷駄。各二人。鎗持。甲持。挟箱持。沓取。各一人。すべて十人。四百石は侍三人。鎗持。朧。小荷駄。各二人。甲持。挟箱持。沓取。各一人。すべて十二人。五百石は侍四人。鎗持。朧。小荷駄。各二人。甲持。挟箱持。沓取。各一人。すべて十三人。六百石は侍五人。鉄炮一挺。鎗持。朧。小荷駄。各二人。甲持。挟箱持。沓取。各一人。すべて十五人。七百石は侍五人。鉄炮一挺。鎗持。朧。小荷駄。各二人。甲持。挟箱持。沓取。各一人。すべて十七人。

八百石は侍五人。鉄炮一挺。鎗持三人。䶕四人。小荷駄。沓取。各二人 甲持。挟箱持。各壱人。外に一人。すべて十九人。九百石は侍六人。弓一張。銃一挺。鎗持三人。䶕四人。小荷駄。挟箱持。各二人。甲持。沓取。各壱人。すべて廿一人たるべしとなり。（日記、憲教類典）

〔徳川実紀第二篇、寛永十年二月十六、十九日条〕

六一

○四日参向公卿の館伴仰付られ。勅使は浅野内匠頭長矩。仙洞使は伊達左京亮村豊なり。（日記）

〔徳川実紀第六篇、元禄十四年二月四日条〕

六二

寛文七未年閏二月

（一）

覚

一　今度諸国巡見雖被　仰付、国之絵図城絵図無用事、

一　人馬家数改無之事、

一　御朱印之外人馬、御定之通、駄賃銭取之、人馬無滞可出之事、

一　何方より見分仕候共、使者飛脚音信一切可為無用、但案内之者入候所は、其断可有之事、

一　掃除等可為無用、但有来道橋、往行不自由之所は、各別之事、

一　泊々之宿所作事等可為無用、幷茶屋新規作之申ましき事、

一　国廻之面々泊々にて、つき米大豆其所之相場を以可売之、其外売物常々其所之直段に売可申事、

右之条々、国主、領主、御代官え先達て可被相触者也、

寛文七年閏二月十八日

（二）

覚

一 宿々畳之表替無用、古候共不苦事、

一 湯殿雪隠若無之所は、成程かろく可被致之事、

一 たらい柄杓鍋釜古候ても不苦候、若無之所は、かろく可被致支度事、

一 宿に可成家、一村に三軒無之所は、寺にても、又は村隔り候ても不苦事、

一 其所に無之売物、脇より遺置之、うらせ申ましき事、

以上

〔御触書寛保集成一二九四〕

六三

寛文七年未諸国巡見使覚

一　山城　大和　和泉　河内　摂津
　紀伊　伊予　土佐　讃岐

川口源兵衛
藤堂庄兵衛
堀　八郎右衛門

一　但馬　丹波　若狭　越前　加賀
　能登　越中　越後　佐渡

甲斐庄喜右衛門
神保四郎右衛門
鳥居権之助

一　播磨　備前　備中　備後　安芸
　周防　長門　石見　出雲　伯耆
　隠岐

稲葉清左衛門
徳永頼母
市橋三四郎

一　筑前　筑後　豊前　豊後　肥前
〔肥後、閣甲本外七本に拠て補ふ〕肥後　壱岐　対馬

岡野孫九郎
井戸新右衛門
青山善兵衛

一　伊豆　駿河　遠江　三河　尾張
伊勢　伊賀　近江　美濃　志摩
飛騨　甲斐　信濃

溝口源右衛門
堀　主膳
川勝孫四郎

一　陸奥　出羽　松前

佐々又兵衛
松平新九郎
中根宇右衛門

国廻衆え被　仰渡覚

一　御料私領共に町在々所々、仕置善悪可被承之事、

一　きりしたん宗門之仕置、常々無油断申付候哉、幷盗賊等之仕置其所々のもの存

知候様相尋之、様子可被承之事、
一　何によらす、近年運上に成、其所々諸色高直ニて迷惑仕儀有之哉、可被承之事、
一　公儀御仕置と替たる事有之哉、可被承之事、
一　買置いたし、しめ売仕候もの有之哉、可被承之事、
一　金銀米銭相場可被承之事、
一　公事訴訟目安一切被請取間敷事、
一　高札之寫不立置之所は、向後立置之、文字不見節は、又改可立置之旨、家数多所々ニて可被申渡事、

以上

寛文七年閏二月十八日

〔御当家令条三二一〕

六四　同時浦々巡見使覚

摂津　播磨　備前　備後　備中
安芸　周防　長門　豊前　豊後
高林又兵衛〔林、館本「井」田本「橋」に作る〕

一　筑前　筑後　肥前　肥後　大隅
薩摩　日向　伊予　讃岐　塩飽島
小豆島
向井八郎兵衛

武蔵　相摸　伊豆　駿河　遠江
坂井八郎兵衛

一　三河　尾張　伊勢　志摩　紀伊
和泉　摂津　安房　上総　下総
伴　作平

覚

一　公事訴訟目安一切被請取間敷事、

一　諸浦仕置之善悪幷困窮郷村於有之は、子細可被承之事、

一　浦方舟役運上役等之儀、可被承之事、

一　きりしたん宗門之仕置、常々無油断申付候哉、幷盗賊等之仕置其浦々のもの存知候様に相尋之、様子可被承之事、

一　浦々湊々におゐて、此案文之通、重て高札可被立之間、堅可相守之旨、御料私領共に庄屋、五人組、船主舟宿等に可被申付事、

一　浦々舟数水主数可被承之事、

一　其所より江戸、大坂え之舟賃、可被承之事、

一　買置いたし、しめうり仕もの有之哉、可被承之事、

一　遠州御前崎之山と、豆州小浦之湊の山と、此両所燈明を立可然候哉、可有見分事、

一　公儀御仕置と替たる事有之哉、可被承之事、

一　浦々湊々におゐて、弥博奕惣て賭之諸勝負不可仕、並遊女一切拘置間敷旨、庄屋、五人組、舟宿等に堅申付之、手形いたさせ可被申事、

以上

寛文七年閏二月十八日

坂井八郎兵衛殿

伴　作　平殿

〔御当家令条三二一〕

六五

○二日福島左衛門大夫正則は。関原の一戦に御味方して軍功をはげみけるにより。安芸。備後の両国を給はり。その身参議にまであげられしに。この人資性強暴にて。軍功にほこり。朝憲をなみし。悪行日々月々に超過して。芸備の人民常に其虐政にくるしむ。あまつさへ居城広島に於て。恣に城櫓壁塁を増築し。天下の大禁を犯す。これゆるし置るべきにあらずとて。其罪を議せられ。まづ正則がもとへ酒井雅楽頭忠世。本多上野介正純。土井大炊頭利勝。板倉伊賀守勝重。安藤対馬守重信が奉書を遣はさる。その文にいふ。今度広島の城を私に増築せし事。尤大不敬の罪免かるべからず。然るに陳謝の詞をつくすをもて。しばらく寛有の御はからひにて。本丸を残しその外悉く破却すべき旨仰下されしに。陽に拝諾しながら。上石のみをとり去て日月を延滞する事。尤重科たれば。芸備両国を収公せられ。尚恩命をもて陸奥の国津軽の地にて。懸命の所領を下さるべしとなり。」久世三右衛門広宣。坂部三十郎広勝等を今日江戸に下され。江戸に留守する松平下野守忠郷。松平式部大輔忠次。鳥居右京亮忠政。松平下総守忠明。奥平九八郎忠昌。最上源五郎義俊等に。

正則今度の命を聞て。対捍の挙動せんときは。速に人数を発し誅戮を加ふべき旨仰下さる。御内書を広宣。広勝に授給ふ。両使かしこまり。いそぎ鞭をあげて江戸にはせくだる。（藩翰譜、東武実録、家譜）（後略）

〔徳川実紀第二篇、元和五年六月二日条〕

六六

○六月朔日拝賀例のごとし。三家氷餅献ぜらる。」肥後国熊本城主加藤肥後守忠広は。その子豊後守光広がこたび謀書を偽りつくりし事。同意せるやと御不審ありしが。忠広は更にしる所にあらざる旨聞召られき。しかしながら忠広平生身の行ひ正しく。家国の治蹟よろしきに於ては。その罪をゆるし。光広をも父がもとにあづけらるべしといへども。忠広近年行跡不正にして。その上府にて生れし幼息を。大喪の折からひそかに母子共に居城にをくり。公を蔑如する挙動いちじるし。よりて大罪にも処せらるべき所。こたび速に参府し。事のさまつゝ、まず聞えあげしにより。その罪を減じ肥後一国を収公せられ。出羽の庄内に配流あり。酒井宮内大輔忠勝にあづけられ。一万石宛行はれ。豊後守光広は飛騨国に配流ありて。金森出雲守重頼に預られ。生涯月俸百口賜ふ。（日記、東武実録）（後略）

〔徳川実紀第二篇、寛永九年六月朔日条〕

六七

○十一日大広間に出まし。宗対馬守義成并家士柳川豊前調興を御前に召て。御みづから糺問し給ふ。よて三家。諸大名こと〴〵くまうのぼり伺候す。」此日加藤伊織則勝死して。その子掃部則吉家をつぐ。（日記、寛永系図）○十二日黒書院にて諸大名を御前にめされ仰出されしは。対馬守義成が家臣豊前調興。其主に対し訴論する趣。こと〴〵く対決せしめられしに。調興が申所一事として証拠とせらるべきなし。よて自殺命ぜらるべしといへども。国初以来官事奉りし故をもて一等を減じ。津軽土佐守政義にあづけられ。その地に配流せらる。調興が郎等松尾七左衛門並子一学は。対馬守義成及び豊前調興が幼稚の時より。非義の謀書をつくり来りしをもて。父子共に斬に処せられ。以酊庵の僧玄方はその草案をつくりしをもて。これも南部山城守重直にあづけられ。その地に配流せらる。対馬守義成はこたびその罪をゆるされ。元の如く召仕はる。よりて此後弥朝鮮通交のこと。正直に執行ふべし。もし壅蔽の挙動あらんには。速に家国除かるべしとなり。（日記）（後略）

〔徳川実紀第二篇、寛永十二年三月十一、十二日条〕

六八

○廿一日大広間中段に御座を設け。下段に三家並に甲府宰相綱豊卿着座せらる。堀田筑前守正俊は申次の事奉はる。御次に稲葉美濃守正則。大久保加賀守忠朝。普第の諸大名。番頭はじめ諸有司伺公。西縁に井伊掃部頭直該。松平讃岐守頼常。松平下総守忠弘。保科重四郎正容。次に少老。其後に儒役。小姓。小納戸。中奥のともがら。東縁に奏者番。並に黒木書院伺公の諸有司。目付。使番。落縁に阿部豊後守正武着座し。寺社奉行。大目付。目付も伺公す。かくて召預られしをもて。松平元千代は永見大蔵。松平出羽守綱近は荻田主馬。松平越前守綱昌は小栗美作を召つれて出る。やがて大蔵には寺社奉行水野右衛門大夫忠春。大目付彦坂壱岐守重紹。目付松平孫大夫重良。藤堂主馬良直差添。主馬には寺社奉行松平山城守忠勝。大目付坂本右衛門佐重治。目付能勢惣十郎元之。土屋市之丞正敬さしそひ。美作には寺社奉行稲葉丹後守正往。大目付内藤新五郎正方。目付田中孫十郎友明。近藤作左衛門用弘差添。このともがらを。落縁に北面して蹲踞せしむ。時に中段に出御あり。御後に牧野備後守成貞並に御側小姓。小納戸伺公す。其時筑前守正俊もて大蔵に仰下されしは。美作が奢侈の様聞え上べしとなり。大蔵答奉るは。主人光長が家例にて。年々公より御鷹の鳥給はるとき。家司どもまで会集して拝賜せしむることあり。然るを去年は諸家司には告ず。美作父子のみ頂戴せり。このこと小といへども。是にてかれが奢侈の大凡を察せられ。恩裁をたれ給へといふ。よて美作に其事をとはせ給ふ。美作申けるは。こはみな大蔵。主馬等が嫉心より。かく何事も思ひたがへしなり。其時は内々にて宴をひらかれたるをもて。家長等を召出さず。愚臣父子は。ことさら懇遇をもて其宴にあづかりしにて。同僚のともがらを。愚臣がをしとどめたるにあらずと申。其詞も終らざるに大蔵申は。しからばなど同列の家司等さへあづからぬ程の席に。美作父子。をのが家人まで召つれて。恩賜の鳥を頂戴せしめしや。すべてかれが巧弁をもて。理非を申掠ること皆此類なれば。先日より評定所にて。諸有司に聞え上侍ることゞも。みないつはりならざるやう。聞召たまはるべしと申ければ。美作答ふる詞なし。其時正俊もて主馬に。美作が姦曲のさま申上べしとありければ。主馬答奉りしは。美作をのが子を主人光長が養子とせむことを結構せし子細。先日諸宰臣に聞え上しにたがはず。これをもて平日私慾ほしいまゝなる挙動を察したまふべしと申す。かさねて大蔵。主馬に。美作さほど姦曲なるさま明らかならんに。汝等君の為を思はゞ。かれが奢侈を光長にうたへ。光長聞わきまへざらんには一族にはかり。ともかくも家国安泰ならむやうに鎮むべきを。かれが姦計の発見するまで。など等閑になし置けるやと御尋ありしに。両人申は。美作が権威におそれ。たれも後難をはゞかり。しかと其事を申ものなければ。無証の事あつかひがたく。時を待候ひしと答ふ。次に美作に。汝同藩八百有余の輩にうとまれしは。いかなる故ぞとありしに美作御請せしは。其事某これまでしらずしてまかりありしなり。但し大蔵。主馬等。兼て諸宰臣に対し。主人光長老年懶惰にして。政事に倦しを幸とし。大小の事某一人にてはかりしよし申といへども。そは全く空言なり。某在職の間一事たりとも。光長にうたへず私にはからひしことなし。ねがはくは大蔵等が妬心よりおこり。某に種々の寃を負しむるところを。憐察給はるべしと申す。其時大蔵。主馬に。など汝等は。平生美作に異見を加へざるぞと御尋ありしに。両人申は。美作事主人光長の詞だに用ひざるほどのものなれば。いかで臣等が申詞を用ゆべきならねば。みす〱異見をも加へずと聞え上たり。其時御みづから大声を発し給ひ。これにて決案す。はやまかり立と宣ふ。座中の輩震懾せざるものなし。諸有司速に大蔵。主馬。美作を引立て各退出せり。〔日記、飯山記、萬天日録、天享東鑑〕

〔徳川実紀第五篇、天和元年六月廿一日条〕

六九

官位御礼物品々覚

宰相成

禁裏　　御太刀折紙白銀五拾枚付台

上臈御局へ　　白銀五枚

長橋御局へ　　同断

大御乳人へ　　同断

東宮御所　　御太刀折紙白銀三拾枚付台

上臈御局へ　　白銀五枚

御乳人へ　　同断

本院御所　　御太刀折紙白銀三拾枚付台

上臈御局へ　　白銀五枚

勘解由小路御局へ　同断

中宮御所　白銀弐拾枚付台

　上臈御局へ　白銀弐枚

　兵部卿御局代へ　同断

内侍所　御太刀折紙白銀弐枚付台

　上卿　白銀

　職事　同断

　宣旨　同五枚

　両伝奏　同三枚宛

　副使　同弐拾匁

　雑掌四人　同四拾匁宛

　右官物之外為御礼、

禁裏　御太刀黄金壱枚縮緬拾巻白

東宮御所　御太刀白銀壱枚縮緬拾巻白

本院御所　右同断

中宮御所　縮緬五巻

　両伝奏へ　小袖三宛

（中略）

諸大夫成

禁裏　　黄金壱枚
　上臈御局へ　　白銀壱枚
　長橋御局へ　　同断
　大御乳人へ　　同断
東宮御所　　白銀三枚
　上臈御局へ　　白銀壱枚
　御乳人へ　　同断
中宮御所　　白銀三枚
　上臈御局へ　　白銀壱枚
　兵部卿御局へ　　同断
本院御所　　白銀三枚
　上臈御局へ　　白銀壱枚
　勘解由小路御局へ　同断
内侍所　　白銀四拾匁

上卿　　　白銀六拾匁
職事　　　同断
位記　　　同断
　但、国取五枚　郡取三枚
宣旨　　　同断
御請印　　　同断
　但、国取、郡取六拾匁
中務大輔　　　同断
両伝奏　　　同断
中務少輔　　　同壱枚
　但、国取、郡取六拾匁
主鈴　　　同弐拾匁
　但、国取、郡取壱枚
副使　　　同拾五匁
御太刀代　　　同五匁
雑掌四人　　　同弐拾匁宛

（後略）

〔御当家令条五六五〕

七〇　寛永諸家系図伝序

本朝諸家の系図、世に伝はる事久し。鹿苑院殿《ろくをんゐん》（足利義満）の時に、大納言藤原（洞院）公定《きんさだ》うけたまハりて分脈図《ふんミやくのづ》をえらひ、嫡子《ちやくし》・庶子《そし》の本末をわけて世におこなふといへども、なをいまたつまびらかならす。寛永十八年二月七日、将軍家（家光）あらたに台命をくたしたまひて、諸家の系図をあつめあましむ。資宗（太田）これを奉行す。民部卿法印道春（林信勝）これにそふて、そのあむへきおもむきをしめす。こゝにをひて、諸大小名・御譜代・御近習・御番衆等およそ恩禄《をんろく》をかうふるもの、大小となくみな其家譜をさゝぐるもの数千人なり。道春をよひ子春斎（春勝）、件の家譜をみて、其真偽《しんぎ》をわきまへ、其新旧《しんく》をたゞす。且又《かつまた》、仰によりて、漢字《かんじ》・倭字《わじ》両通をつくらしむ。其事繁多《はんた》なるゆへに、十九年三月十日、かさねて台命くたりて、僧録《そうろく》金地院元良（最岳）長老、尾州の法眼正意（堀）、水戸の書《しよ》生《せい》卜幽（人見壱）・了的（辻達）おなしく其事にあつかる。高野山見樹院立詮をよひ御右筆大橋重政・小嶋重俊、倭字の事にあつかる。且又、京都五岳《がく》の僧侶《そうりよ》十七人をめして、江戸にきたらしむ。こゝにをひて、諸家の系譜をわかちくはる。道春・春斎は清和源氏の部《ぶ》をつかさとる。立詮これに属《ぞく》す。元良をよひ五岳衆ハ藤原氏の部をつかさとる。重政これに属す。正意は諸氏の部をえらひ、水戸の書生ハ平氏の部をあむ。重俊これに属す。其外草案をつくり浄書《じやうしよ》にあつかるもの、数十人におよべり。歳を経て全編《ぜんへん》をなす。其系譜にくハしきあり、あら〳〵しきある事ハ、おの〳〵献《けん》する所の家本長短《ちやうたん》あるによりてなり。漢字・倭字都合三百七十二巻。其名を題《だい》して寛永諸家系図伝といふ。かくのことき大部なる事、本朝のむかしよりいまたきかさるところなり。誠に太平御一統《とう》の御時にあらすは、いかてかこゝにいたらんや。諸家其官禄《くハんろく》をしる時は、御恩のあつき事をわすれす、其勲功《くんこう》をのする時は、先祖のつとめをおもふへし。しかれハ。忠孝《ちうかう》の道、無窮《びきう》の徳とともに、千万世の後までたれかあふきたてまつらさらんや。

寛永二十年癸未九月吉日

従五位下太田備中守源資宗

〔寛永諸家系図伝　第一〕

七一

清和源氏
頼光流《よりミつりう》
大河内《おおかふち》

右衛門大夫正綱《まさつな》・伊豆守信綱《のぶつな》ハ松平の称号《せうがう》をもちゆといへども、金兵衛久綱《ひさつな》・又兵衛重《しげ》綱ハなを旧号《きうがう》によつて大河内を称号とす。

（中略）

信綱《のぶつな》

松平伊豆守　生国武蔵。
右衛門大夫正綱が養子《やうし》となつて、松平氏を称《せう》ず。
慶長九年七月十七日、将軍家（家光）御誕生《たんじやう》。同月廿五日、信綱初《はじ》めてつかへ
奉る。時に九歳。

元和九年、将軍家御入洛《じゆらく》。此たひ征夷《せいい》大将軍に任《にん》じたまふ時、信綱従五位下に叙《じよ》す。寛永十年五月五日、武州忍《をし》の城をたまふ。此時仰に依《よつ》て土井大炊頭利勝・酒井讃岐守忠勝と同じく奉書の判形《はんぎやう》をくハへ、政務《せいむ》をあづかりきく。同十一年、将軍家御入洛の時、信綱従四位下に叙《じよ》す。

同十三年の冬、朝鮮《てうせん》の信使《しんす》来朝《らいてう》の時、彼《かの》国の礼曹書簡《れいさうしよかん》ならびに土産《とさん》をよす。信綱も又返簡《へんかん》を送り音物《いんぶつ》をよす。

同十四年の冬、肥前国高来郡《ひぜんのくにたかくのこほり》・肥後国天草郡《ひごのくにあまくさごほり》にて吉利支丹邪法《きりしたんじやほう》を企《くハたて》、一揆《き》をおこして有馬《ありま》の旧城《ふるしろ》にたてごもる時、信綱、戸田《とだの》左門氏鉄《うぢてつ》と同じく上使となつて(肥前)嶋原《しまバら》に下向す。西国の諸軍《しよぐん》きたり会《くわい》して、翌年《よくねん》二月、一揆《き》をことく〱く伏誅《ふくちう》し、(同上)政法《せいほう》を沙汰《さた》して江戸に帰る。

同十五年の冬、大炊頭・讃岐守職役《しよくやく》を恩許《おんきよ》せらるゝにより、信綱、阿部豊後守忠秋《たゞあき》・同対馬守重次《しげつぐ》と同しく奉書の判形《はんぎやう》をくハへ、国政《こくせい》を奉行す。

同十六年正月五日、忍《をし》の城をあらため、武州河越《かハごえ》の城を領《りやう》じて、采地《さいち》をくハへたまふ。

七二　寛政重修諸家譜

序

寛永十八年命備中守臣太田資宗輯諸家系譜使臣林信勝等分任著述編摩之役書成名曰寛永諸家系図伝凡姓氏門閥之故皆取正於此自時厥后歴禩将二百其承襲興替褒貶与奪宜陸続追書而未之遑是以臣正敦不自揣敢請成其書幸蒙兪旨以臣総裁其事使豊前守臣堀田正穀副之乃選臣僚吏胥暁文墨有識幹及其子弟可任使者五十余名請以為属分曹従事臣建言之初志専在継旧譜既而開局校勘見諸家頃所進譜牒間有与旧譜不吻合蓋文書碑板散逸於当年者後嗣訪獲而後始備則知向之疎繆亦理之固然於是寛永以前之紀載有不能尽推卸諸旧譜者焉乃請而改体例或刪補或両存名以寛政重脩諸家譜創局於寛政十一年己未断手於文化九年壬申書成一千五百三十巻繕与上進臣正敦謹序之曰天下之人孰無姓系而止是諸家何也以為大府之治具也譜牒之編尚矣自万多親王撰姓氏録継起者数十家莫非所以弁宗庶維政化定民志降迄中葉王綱解紐禍乱相承豪傑未必出於世家

於是乎有起於卒徒而位極人臣者有拠一州一郡名器世系或出其自為無命於上無統於前至是譜牒大壊真仮錯雜天厭喪乱生我神祖智謀勇果之夫蝉聯景附輔成鴻業時際慶元大兵龕撥徳懐威慴莫不投戈崩角霧消爝熄天地開朗於是論功行賞上之有胙土析珪之寵下之至尺効寸労甄録弗遺若夫迷方梗化之類亦来斯受之刮垢滌汙皆涵濡江海之宏量藩衛磐石之丕基人心悦服宇内密如夫然後命成旧譜梳理融会列於令甲故新譜之於旧譜雖不能一切遵奉要之不過小出入而其大体則豈容異軌哉古者有賜姓命氏之典而今無其事今無其事而有其意者二譜之謂矣何則譜牒之晦者待此而明明者待此而確氏姓閥閲一展瞭然蔵在秘府為万世不刊之典宗庶以弁政化以維民志以定世族保恩国体益鞏徳澤之流不可概量臣等叨董其役与有栄耀焉於是摘其大要弁諸簡端文化九年壬申十一月摂津守

従五位下臣堀田正敦謹序

寛政重修諸家譜

序

寛永十八年命じて備中守臣太田資宗をして諸家系譜を輯めしむ。臣林信勝等をして著述・編摩の役を分任せしむ。書成り、名づけて寛永諸家系図伝と曰う。凡そ姓氏門閥の故、皆正をこれに取る。これよりその后歴祀するものまさに二百ならんとす。その承襲・興替・褒貶・与奪よろしく陸続追書すべし。しかるに未だ遑あらず。是を以て臣正敦自揣せずして敢て其の書を成すを請い、幸に命旨を蒙る。以て臣其の事を総裁し、豊前守臣堀田正穀をしてこれに副たらしむ。乃りて臣僚・吏胥、文墨に暁く識幹あるもの、及び其の子弟使に任ずべき者五十余名を選び、請うて以て分曹・従事を為属す。臣建言の初め、志は専ら旧譜を継ぐに在り、既にして開局、校勘し、諸家頃進ずる所の譜牒を見るに、間旧譜と吻合せざるもの有り。蓋し文書・碑板散逸し、当年に於ては後嗣訪獲して而る後始て備わる。則ち向の踈繆も亦理の固然たるを知る。是に於て寛永以前の記載は諸旧譜を推卸し尽す能わざるもの有り。乃りて請うて体例を改め、或は刪補し、或は両存し、以て寛政重修諸家譜と名づく。局を寛政十一年己未に創き、手を文化九年壬申に断つ。書成りて一千五百三十巻、繕写して上進す。臣正敦謹みてこれに序して曰く。天下の人孰ぞ姓系無くして止まんや。是れ諸家何ぞ以て大府の治具たらんや。譜牒の編尚し。万多親王姓氏録を撰びて継起するもの数十家、所以宗庶を弁ずる非ざるなし。維政化・定民の志なり。中葉に迄り、王綱解紐し、禍乱相承け、豪傑未だ必しも世に出でず。是に於てや、卒徒に起りて位人臣を極むるもの、一州一郡に拠りて、名器たるもの有り。世系或はその自ら為すを出だす。上に命ずるもの無く、前に統ぶるもの無し。是に至りて譜牒大いに壊れ、真仮・錯雑・天厭・喪乱生ず。我が神祖は智謀・勇果なり。夫れ蝉聯・景附して鴻業を輔成す。時、慶元の大兵に際し、徳懐を龕撥す。威摂して戈を投ぜざるなし。崩角霧消、熸熄みて天地開朗たり。是に於て論功行賞、上には胙土・析珪の寵、下には尺効・寸芳に至る。甄録して遺さず。若し夫れ迷方・梗化の類も亦斯に来りて受く。刮垢・滌汙、皆涵濡して江海の宏量、藩衛磐石の丕基、人心悦服して宇内密如たり。夫れ然る後、旧譜の梳理融会を成すを命じ、令甲に列す。故に新譜の旧譜に於て一切遵奉する能わずと雖も、これを要するに小出入に過ぎず。而してその大体は則ち豈異軌を容れんや。古は姓を賜い、氏を命ずるの典有り。而に今はその事無し。今その事無くしてその意有るは、二譜の謂たり。何ぞ則ち譜牒の晦はこれを待ちて明、明なればこれを待ちて確、氏姓・閥閲一展して暸然たり。秘府に蔵在して万世不刊の典宗と為す。庶は以て政化を弁じ、以て民志を維り、以て世族を定む。国体を保恩し、ますます徳沢の流を罩くすること概量すべからず。臣等叨もその役を董し、与に栄耀有り。是に於てその大要を摘し、諸の箇端を弁ず。文化九年壬申十一月、摂津守従五位下臣堀田正敦謹みて序す。

七三

清和源氏　義家流

松平

（中略）

定信《さだのぶ》

賢丸《まさ》　上総介　越中守　従五位下　従四位下　侍従　左少将　実は田安中納言宗武卿の七男、母は山村氏。

宝暦八年生る。幼稚の時しば〳〵大奥にめされ、あるひは数日滞留し恩恵をかうぶる。安永三年三月十五日定邦が養子となり、其女を室とす。四年十一月二十二日養家にうつるのよしきこしめされ、浚明院殿（家治）より出雲忠貞の御刀、備前近景の御脇指をたまはる。閏十二月朔日はじめて浚明院殿にまみえたてまつり、十五日従五位下上総介に叙任し、五年日光山にまうでたまふにより三月朔日いとま賜はり、父にかはりて白川におもむく。八年四月十三日孝恭院殿（徳川家基）の御遺物として、御紋の蒔絵したる御刀懸を賜ふ。天明三年十月十六日封を襲、陸奥越後両国のうちにをいて十一万石を領し、白川城に住す。

〔新訂寛政重修諸家譜　第一〕

七四

御実紀成書例

恭しく編修する所の歴朝実紀は。史局の日録を根拠とし。かたはら内外の簿籍をかねとり。また家伝の正しきも参考する所あり。されど明暦より前は日録多半毀ちたり。よりて西城日記および世につたふる残編断帙をさぐり。家牒野史をもてこれを補ひ。彼是を校正し虚実を審定して。漸く一代の大体をなす。しかれどもなを遺脱を免るゝ事を得難し。猶この後証とすべきものを得ば。其遺闕を補正すべきなり。

一　体例は我朝文徳三代の実録をもとゝし。漢土にては唐の順宗実録と明清の実録をもて標準とす。されば古今宜を殊にし和漢制異なれば。ひたすら　皇朝のさまにもならひがたく。又漢土の制はことさら遵用しがたき事共多し。いたづらに虚文浮辞を学び。事実にもどるべきにあらず。よりて彼是を斟酌して。別に成書例一篇をつくりて巻首に冠す。

一　御一代の始に。御幼年よりの御才徳御昇進の次第等を略記するは。順宗以来実録の体によれり。　東照宮御紀は開巻の第一なれば。まづ　当家発祥の縁故をしるし。それより御軍陣の次第を略記し。慶長八年　将軍宣下に至り。はじめて編年の躰をなせり。台徳廟の御紀も粗これにおなじ。

一　御一代御政蹟の巨細ことぐく記載せば。汗牛充棟にもいたるべければ。何事も一々しるすことを得がたし。よりてたゞ其大事を載て小事ははぶく。されどまた瑣義末事たりとも。大政の得失にあづかりしことはこれを洩さず。其他御善行御嘉言の簿録。又は口碑につたへて後の御模範ともなるべき事はあつめて附録とす。

一　附録も　東照宮の御言行諸書に載る所。真偽錯雑し玉石混淆すれば。今是を正史に比較して。疑しきを袪し正しきを採れり。巻首に御幼年より薨御までの御言行を年月にしたがひて統紀し。其余は事類を分ちて記載し。瑣細の御事は巻末に附して雑事の部とす。享保の附録も大略同様なり。但国躰古今殊別なれば。附録の躰も又かならずしも同じき事を得ず。其他歴朝の附録御遺事闕佚して類を分つにおよばざるは。其事の大小軽重につき順叙してこれを録す。

（中　略）

一　御一代の末巻。文徳録は葬埋の日までを記し。光孝録は崩日にとゞまり葬日を載せず。ともに一代の体を成さざるに似たり。今さだめて御喪体御追贈の日にて筆をたつ。されど御葬礼の日より御退贈の日にいたるまでの間。嗣君の御事にあづかりしはみな書せずして本編に出す。既に吉保が私記も此例なり。

一　御隠退ありしは。　清和　陽成の二録譲位の日にて筆をとゞめ其余を記さず。御一代の終りをつくさゞるの遺憾あり。今旧唐書玄宗記の例によりて。御隠退より薨ぜらるゝまでの事ども。その概略を記して遺漏の憾なからしむ。

一　本書は出典を注せずといへども。副本に至りては毎条の下悉く原書の名を出す。附録のごときも又同し。但享保以下の附録は近代の事なれば。専ら仰高録享保録等に拠れりといへども。旧家の遺伝。故老の口碑に得しもの多ければ。一々に注せんも煩砕に過れば。をしなべて是を略す。

〔徳川実紀第一篇〕

七五

大猷院殿御実紀巻二　寛永元年正月に始り六月に終る　御齢二十一

寛永元年（二月晦日〔三十日ト〕改元）甲子正月元旦　御所西城にましませば。家門諸大名皆出て賀し奉る。御対面所にて紀伊中納言頼宣卿。水戸宰相頼房卿。太刀目録もて拝せられ御盃。時服給ひ。次に松平伊予守忠昌。松平下野守忠郷太刀目録献じ御盃。時服下され。大広間に渡らせ給ひ。普第大名幷に三千石以上太刀折紙もちいで。諸大夫以上御流に時服給ひ。其以下は流盃を下さる。入御の時落縁にて官工官商拝し奉る。」此日那須与市資重従五位下に叙し美濃守と称す。（大内日記、水戸記、江城年録、寛政重脩譜）〇二日国持外様の諸大名各太刀目録献じ。御盃時服下さる。工商等も拝し奉る。」此日家門幷に松平伊予守忠昌。松平下野守忠郷。本城にいで　大御所を拝し奉る。太刀目録献じ時服。御盃下さる。諸大名拝賀又同じ。今夜謡曲始西城にして行はる。紀伊中納言頼宣卿。甲府中納言忠長卿。水戸宰相頼房卿まうのぼらる。初献の御盃中納言頼宣卿。次に中納言忠長卿。次に宰相頼房卿。三献に蕗台出て頼宣卿御盃給はり。四献に頼宣卿の台。五献に忠長卿の台。六献に頼房卿の台出て。囃子七番。中〔猿ア〕楽大夫に御肩衣給ひ。各肩衣を纏頭して退く。」高家織田兵部大輔信良　大内の賀使命ぜらる。」大久保荒之助忠当死しければ。子荒之助忠辰に家つがしめられ。千五百石の内五百石を二子甚四郎忠昌に分たる。忠当が没前の願によりてなり。（大内日記、水戸記、江城年録、東武実録、寛政重脩譜）○三日叙爵以前の諸大名長袴着して拝謁す。諸家証人も同じ。市人も拝し奉る。（大内日記、水戸記、江城年録）○四日代官の輩も拝し奉る。（江城年録）○五日二条大坂の両城構造せらるゝにより。御黒印もて令せらるゝは。喧嘩諍論なすべからず。もし違犯せば。理非ともに双方斬罪たるべし。知音縁故をもて荷担せば。其罪本人より重かるべし。押買狼藉すべからず。みだりに竹木切取べからず。田圃を荒廃せしむべからず。石場を争ふべからず。構造の間従者を帰郷せしむる事停禁たるべし。もし事故あらば。事はてゝ帰国の後沙汰に及ぶべしとなり。」けふ御茶宴初あり。」尾張中納言義直卿在封により。使もて太刀。馬資金三枚献ぜられ。御内書を下さる。（東武実録、江城年録）○六日出家。社人。山伏等新年を賀し奉る。（江城年録）○七日市人等新春の賀とて拝し奉る。」此日御鳥銃はじめあり。（江城年録）○九日番具足其外武具修理の事命ぜらる。」此日石渡四郎兵衛元次初見す。（国師日記、東武実録、寛永系図）○十日高家吉良左兵衛督義弥　大内の御使につれ上洛す。（国師日記）○十一日加々爪民部少輔忠澄暇給はり上洛す。」阿部左馬助忠吉卒しければ。子豊後守忠秋に遺領をたまひ。忠秋が庇蔭料千石を合て六千石となる。」吉野主計信通も死して。其子作左衛門信次つぐ。（国師日記、寛政重脩譜）○十五日尾張中納言義直卿日光参拝の暇給ふ。（江城年録）○十七日両御所紅葉山　御宮御参あり。（江城年録）

七六
大猷院殿御実紀附録巻一

御若年の頃。世の中に流れ衣もむとて。小袖の領袖に綿を厚くいれ。その余は薄くして。専ら衣装を刷ふこと流行し。　公にもさる様したまひし折から。青山伯耆守忠俊風と御前に出しが。御衣を引あげて。正しく将軍たる御方の御身にて。かく衣もんなどに御心を用ひたまふは何事にましますぞといたく諫め奉り。またその頃躍をなさせ給ひ。御髪を束ね給ふにも。前後に鏡をかけならべ。粧点したまふを見て。その鏡をとりて投すて。これはた天下を保たせ給ふ御方の御所為なりやと。あらゝかに聞えあげしたぐひ度々なりき。　公もその直言を採用し給はぬにはあらざれども。年頃にも成せられ。衆臣の前にて小児を教諭するごとくなるも。さりとは無礼なりとて。忠俊御けしきかうぶり遂に蟄居して終りぬ。」はるかの年月経てのち。忠俊が子因幡守宗俊をめしいでゝ。若君〔家綱〕（厳有院殿御事）に附させられしとき。汝が父は蹇直のものなり。われ年若くして過て黜退せしめ。今にいたりて後悔やまず。よて汝をもて　竹千代〔家綱〕に附しむるは。汝　竹千代に事へて。忠貞を尽さむ事。汝が父の我につかへしごとくせよとの御旨なり。宗俊かしこさのあまりに。たゞ涙にむせびて御前を返きしが。また喚返し給ひ。まかでなばいづこへも参るに及ばず。まづ汝が父の墓にゆきて。此旨を告よと仰られしとかや。（榊原日記、名臣金玉）弱冠の御頃勇気たくましくおはして。内々微行の御聞えありし頃。寒夜など俄に出給ふとき。いつもめしたまふ御草履のあたゝかなるをあやしみ給ひ。何故にかと御心附られしに。酒井讃岐守忠勝がいつも御履を懐中し。肌につけて温めをくゆへなり。しからばかれ我微行をあやぶみ。ひそかに跟随してこゝろをつくすと見えたりとて。是まり感悟したまひ。絶て夜行をばとゞめ給ひけるとぞ。（空印言行録）

〔徳川実紀第三篇〕

七七

浅野内匠頭源長矩 従五位下

紋　丸ニ違鷹ノ羽　　　　庚午ニ廿三歳

室ハ、浅野因幡守長治娘。（アキママ）

嫡子、

本国尾張。生国武州。童名又市郎。采女正長友子、内匠頭長直ノ孫、采女正長重ニハ孫也。延宝三年乙卯三月廿三日、家督相続。同八年十二月廿八日、叙従五位下ニ、任内匠頭ニ。

系図　源氏松平安芸守綱長ノ有譜中ニ

居城播州之内赤穂 自江戸百五十五里。本知五万三千石。新地開運上課役掛物等、外ニ二万八千石余有リ。年貢所納五ッ六ッ七ッ七八分、抨シ六ッ余。家中へ四ッ。在江戸ノ年、百石ニ付四人扶持、外ニ摸合アリ。米能生ズ。払ヒ上也。地ニ禽獣魚柴薪多シ。土地上也。城本、国東南。家民豊也。物毎自由叶ヒ、宜シキ所ナリ。

家老　　　　　　大石　内蔵介

藤井又左衛門

長矩、智有テ利発也。家民ノ仕置モヨロシキ故ニ、士モ百姓モ豊也。女色好支、切《セツ》也。故に奸曲ノ諂《ヘツラ》イ者、主君ノ好ム所ニ随テ、色能《ヨ》キ婦人ヲ捜《サガ》シ求テ出ス輩、出頭立身ス。況ヤ、女縁ノ輩、時ヲ得テ禄ヲ貪リ、金銀ニ飽《ア》ク者多シ。昼夜閨門ニ有テ戯《タハブ》レ、政道ハ幼少ノ時ヨリ成長ノ今ニ至テ、家老之心ニ任ス。

謳歌評説云、此将ノ行跡、本文ニ不載《ノセ》。文武ノ沙汰モナシ。故ニ無評。唯女色ニ耽《フケ》ルノ難而已《ノミ》ヲ揚タリ。婬乱無道ハ傾国・家滅ノ瑞《ズイ》相、敬《(つつしま)》ズンバアルベカラズ。『前漢《ゼンカン》書』李《リ》延年《エンネン》ガ歌ニ曰ク、「北方ニ有リ佳人、絶《タヘ》テ世独リ立ツ。一ビ顧ミレバ傾《カタム》ク人城ヲ。再《フタ、》ビ顧《カヘリ》ミレバ傾ク人国ヲ。寧《ムシロ》知ンヤ傾クコトヲ城国ヲ。佳人不再ビ得」ト云云。故ニ傾城・傾国ノ基《モト》イト云リ。次、家老ノ仕置モ無心許、若年ノ主君、色ニ耽《フケ》ルヲ不諌程ノ、不忠ノ臣ノ政道無シ覚束。

〔土芥寇讎記巻第二十　72〕

七八

安政五年六月　江戸風聞

幕府重職の大名・旗本の宜しからざる素行探索報告

江戸風聞書

福山（阿部伊勢守正弘）前書の風聞事実無相違においては如何の儀に候得共、死後に御探索程の儀にも有御座間敷やに候得共、夷人共追々跋扈いたし候基元は亜墨利加引合より相起、対異国御国恥にも相成候儀、譬諸役人何様申立て候共、福山の手違誤には相違有之間敷、此儀勤役中異国の取計不行届の趣を以、死後といへども右御加増は御取上に相成候はゞ、賞罰の筋も相立、人心も改り可申やと風評仕候。

一　上田（松平伊賀守忠優・老中）再勤の節、当日退出前鈴木藤吉儀金千両差出、退出後家来より申聞候処、

差返候方可然旨申聞候得共、勝手向差向候入用等にて、彼是の議論も差置無余義入用を相達、終に其侭借入に相成候に付、其後藤吉儀初て逢有之節金弐千両差出候由。

一 関宿（久世大和守広周・老中）は藤吉儀最初より取入居、同人娘分を妾に出し置候故、別て親敷立入、用立金は万両巳上の事に候由。然処跡部甲斐守転役と相成、関宿被引込候に付、藤吉一条世上一般の取沙汰と相成候処、不量出勤被致候に付ては上田再勤の節関宿専被骨折候に付、又此度は右の返礼に上田骨折にて出勤と相成候旨杯取々噂仕候。右引中藤吉へ三千両程も返金有之候由。

一 関宿前文の妾腹に出生有之、七夜の祝として当四月十五日左の者共被呼候由。

土橋二葉町に罷在候
三味線弾
杵屋弥七

銀座三丁目に罷在候
長唄うたひ

芳村伊四郎
右同人妻にて三味線並笛を吸候
望月加弥八
銀座四丁目に罷在候
鏡磨師にて長唄うたひ候
長村屋定吉
加納駿河守作事方抱
大工にて長唄うたひ候
嘉吉

右杵屋・芳村杯全く其業に限り候苗字にて耳立候故に御座候や、右屋敷へ立入候節、杵屋は糸屋、芳村は茶屋と名乗候様当人共へ申聞候由。

右の者共相越、夕方より明七時迄三味線長唄有之、尤主人向は簾障子を隔被聞候由、同月十九日には深川屋敷より隠居参り候に付、又候右の者共被呼参り、定吉は差支、右代り武士にて替名築八と申唄うたひ相越、夫々業有之候得共、翌日御日柄に候迚暮過頃には相済皆為引取候由、一躰近来亜墨利加船渡来、震災風損等の天変、又御趣意の趣も有之、世上一統右様の遊興差扣候趣にて、遊芸を家業にいたし候者共難渋仕候由の処、重き御役家へ被呼候事故、右の芸人共大に嬉び内々の儀をも忘却いたし、此上世上の馳にも可相成と所々風聴いたし歩行候次第、殊に其頃は世上にても京都の御模様等如何候やと人々息を詰居候様の折柄、執政の御身分にては右様の遊興は何共如何の儀と風評仕候。

一 本郷（泰国・若年寄）丹後守儀何事も一と通扣目の姿にて、何方へも品能引合、巧者に取り廻居候て、其実は自侭勝手、第一上を軽蔑いたし候心底等甚不忠至極の儀も有之候由、当御役に相成候ては昨今の儀にも例の扣目にいたし居候由の処、石河土佐守は間柄にも有之合口故、専引立御用掛に申上候一条等何か余程自侭の取計に御座候由、右は自分奥兼にも無之候間、奥へ手先を入置候内存に有之由風評仕候。丹後守悴石見守儀は勘弁薄く不束の人物に御座候由の処、近頃奥向并中奥御小姓等にて同役いたし候向杯同人を頼込心願筋等申入候処、追々音物杯金子にて相贈候方都合宜趣に相成候処、其儀丹後守及承制度を請其後は相止め候積にて、矢張内実は当時も右様の音物受候由にて、笑止千万の儀と噂仕候。

一　近頃追々転役被仰付候内、川路左衛門尉・鵜殿民部少輔・跡部甲斐守等の類不平の趣には候得共、廉立人口に掛り候儀も相聞不申、却て格別結構に被仰付候佐々木信濃守儀御加増無之儀を内々不伏を唱居、懇意の者共杯申諭候由、一躰同人は田中龍之助御右筆組頭相勤候頃、同人方に中小姓奉公いたし居、夫より御徒に成、留役筋へ出役いたし、追々結構に相進候者故、殊更身分を弁へざる儀と噂仕候。右風聞の趣乍恐御内々申上候。以上。

午　六　月

〔井伊家史料　幕末風聞探索書　上　一九〕

七九　伊達綱村宛領知判物・目録（陸奥仙台）

陸奥国桃生・牡鹿・登米・磐井・本吉・気仙・胆沢・賀美・玉造・栗原・志田・遠田・刈田・柴田・伊具・亘理・名取・宮城・黒川・江刺弐拾郡并宇田郡之内以上六拾万石、常陸国信太・筑波・河内三郡之内壱万石余、近江国蒲生・野洲両郡内壱万石、都合六拾弐万石余目録在別紙事、内三万石伊達兵部大輔（宗勝）、三万石田村右京亮（宗良）可進退之、残五拾六万石余充行之訖、全可領知之状如件

寛文四年四月五日御判

筆者 大橋長左衛門

松平亀千代とのへ

目録

陸奥国

桃生郡一円　六拾五箇村

高壱万九千七百四拾八石四斗七升
牡鹿郡一円　六拾箇村
高五千四百弐拾石四斗六升
登米郡一円　弐拾四箇村
高壱万八千弐百七拾壱石六升
磐井郡一円　八拾六箇村
高五万九千三百拾七石壱升
本吉郡一円　三拾三箇村
高壱万五千百七拾三石壱斗
気仙郡一円　弐拾四箇村
高壱万弐千九百石七斗
胆沢郡一円　三拾七箇村
高四万七千五百八拾弐石四斗五升
賀美郡一円　三拾八箇村
高弐万四千七百七拾九石六斗五升
玉造郡一円　弐拾壱箇村

高壱万七千七百弐拾三石七升
栗原郡一円　九拾弐箇村
高八万千三百五拾四石八斗九升
志田郡一円　六拾四箇村
高弐万九千弐百五拾六石六升
遠田郡一円　五拾八箇村
高三万千四拾石七斗七升
刈田郡一円　三拾三箇村
高壱万九千九百九拾壱石五斗六升
柴田郡一円　三拾五箇村
高壱万九千八百八拾五石六斗弐升
伊具郡一円　三拾六箇村
高弐万六千五百三拾四石八斗壱升
亘理郡一円　弐拾六箇村
高壱万五千八百六拾七石七斗
名取郡一円　六拾壱箇村

高四万四千五百拾四石九斗四升
宮城郡一円　七拾八箇村
高四万七千五百七拾八石六斗三升
黒川郡一円　四拾九箇村
高三万千三百拾壱石四斗壱升
江刺郡一円　四拾壱箇村
高弐万六千六百弐拾七石四斗
宇多郡之内　九箇村
埒木崎村　谷地小屋宿村　福田村　杉目付
真弓村　小川村　大戸浜村　今泉村
駒ヶ嶺宿村
高五千百弐拾石弐斗四升
已上六拾万石　内　三万石　伊達兵部大輔拝領之
三万石　田村右京亮拝領之
常陸国
信太郡之内　拾三箇村

飯倉村　若栗村　波佐間戸村　大最村

竹来村　大室村　掛馬村　追原村

君嶋村　清(請)領村　上長(永)村　実穀村

福田村

高五千三百四拾五石六升

筑波郡之内　四箇村

吉沼村　西高野村　大砂村　大薗木村之内

高三千八百弐石八升三合

内三百弐拾八石七斗五升八合　為御用地被召上替地物成積を以被下故延也、本高不載之

河内郡之内　竜崎村

高千弐百三拾八石弐斗四升九合

近江国

蒲生郡之内　拾八箇村

西古保志塚村　東古保志塚村　金屋村　蛇みそ(溝)村

友定村　内野村　中野村　小今在家村

今在家村　今堀村内　上羽田村　西生来村内

橋本村之内　石　塔　村　老　蘇　村　北　脇　村

林　　村　鷹　飼　村

高三千八百四拾弐石三升八合

野洲郡之内　弐箇村

北篠原村　市三宅村之内

高千百五拾七石弐斗六合

惣高残五拾六万五拾五石七斗九升八合

右今度被差上郡村之帳面相改、及　上聞所被成下　御判

也、此儀両人奉行依被　仰付執達如件

寛文四年四月五日　　　永井　伊賀守

小笠原山城守

松平亀千代殿

〔寛文朱印留　上　一三〕

八〇　京極高豊宛領知朱印状・目録（讃岐丸亀）

讃岐国三野・多度・豊田三郡并郡珂・鵜足両郡内五万六拾七石余、播磨国揖保郡之内壱万石、近江国蒲生郡之内千四百四拾五石、都合六万千五百石余目録在別紙事、内三千石京極頼母（高房）可進退之、残五万八千五百石余充行之訖、全可領知者也、仍如件

寛文四年四月五日御朱印

筆者　飯高七兵衛

京極百助とのへ

目録

讃岐国

三野郡一円　弐拾七箇村

高壱万九千四拾三石七斗六升壱合

多度郡一円　弐拾壱箇村
　高壱万四千六百七拾六石八斗壱升
豊田郡一円　三拾九箇村
　高壱万千七百九拾三石四斗八升七合
郡珂郡之内　拾九箇村
　上金倉村　下金倉村　買田村　宮田村
　追上村　山脇村　新目村　後山村
　帆山村　生間村　大口村　福良見村
　今津村　中府村　津森村　田　村
　山北村　櫛無村　佐文村
　高四千四百九石五斗三升弐合
鵜足郡之内　下出井（土居）村
　高百四拾三石九斗壱升
播磨国
　揖保郡之内　弐拾箇村（無印揖東郡、＊印揖西郡）
　横浜（余子）興浜村　大江嶋村　長松村　天満村

田井村　宮内村　津市場村　上*余部村
下*余部村　浜*田村　刈*屋村　釜*屋村
黒*崎村　片*村　伊*津村　稲*冨村
山*田村　下*村　中*嶋村　碇*岩村
野*瀬村　馬*場村　金*剛山村　浦*部村
袋*尻村　市*場村　山*津屋村　黍*田村

高壱万石

近江国

蒲生郡之内　弐箇村

長田村　野田村

高千四百四拾五石

都合六万千五百拾弐石五斗

内三千石者京極頼母拝領之

右今度被差上郡村之帳面相改、達　上聞所被成下　御朱印也、此儀両人奉行依被　仰付執達如件

永井　伊賀守

尚庸

小笠原山城守

長頼

京極百助殿

〔寛文朱印留　上　六八〕

八一

元禄十五年七月

御蔵米地方と引替之事

覚

御旗本之面々、五百俵以上御蔵米地方と引替被下之間、被得其意、組中支配方江被申渡之書付、御勘定奉行迄可被差出候以上、

引書　大成令

〔徳川禁令考二三三一八〕

八二

享保十七子年七月廿三日
知行所御蔵米と引替之事

酒井讃岐守殿御渡　　　御勘定奉行江

万石以下、向後出羽陸奥信濃越後越前五ケ国之内ニ知行所有之候布衣以上之御役相勤候者ハ、勤候内計、願次第御蔵米と御引替被下筈ニ被仰出候、

但、右五ケ国にて取来候知行、御蔵米と御引替被下候而も、其儘領知仕、定免を以年年年貢上納仕筈ニ候、山林等ハ地頭之取箇ニ成候間、左様被相心得、定免之儀其節節地頭江申談、可被相定候、

七月

〔徳川禁令考二三三二〕

八三

寛保元酉年八月

右同断

御奉公相勤候者、知行所下免ニ而、御蔵米ニ御引替之儀、向後御役、又者御番相勤候之内計、御蔵米ニ御引替被下候、御役御番御免、病死等之節ハ、頭支配より其趣申聞、御勘定奉行江も可被申達候、尤只今迄引替相済候分ハ、不及其儀候、

八月

以上引書　大成令

〔徳川禁令考二三三二〕

八四

○十日賜禄。廩米のともがら。蔵宿どもより借財の事家人を以て対談し。小禄のものは自己示諭すべき処。浪人また蔵宿師と唱ふるものをして。強談不法もありと聞ゆ。いかゞの事なり。此後さることあるまじとなり。

〔続徳川実紀第二篇、文政八年十一月十日条〕

八五

（前略）

また下等の中小姓《なかごしょう》と足軽《あしがる》との間にも甚《はなは》しき区別あれども、足軽が小役人《こやくにん》に立身してまた中小姓と為《な》るは甚だ易《やす》し。しかのみならず百姓が中間《ちゅうげん》と為《な》り、中間が小頭《こがしら》となり、小頭の子が小役人と為れば、すなわち下等士族中に恥《はず》かしからぬ地位を占《し》むべし。また足軽は一般に上等士族に対して、下座《げざ》とて、雨中《うちゅう》、往来に行逢《ゆきあ》うとき下《げ》駄《た》を脱《ぬ》いで路傍《ろぼう》に平伏《へいふく》するの法あり。足軽以上小役人格の者にても、大臣に逢《あ》えば下座平伏《げざへいふく》を法とす。啻《ただ》に大臣のみならず、上士《じょうし》の用人役《ようにんやく》たる者に対しても、同様の礼をなさざるを得ず。また下士《かし》が上士の家に行けば、次の間より挨拶《あいさつ》して後に同間《どうま》に入り、上士が下士の家に行けば、座敷まで刀を持ち込むを法とす。

また文通に竪様《たてざま》、美様《びざま》、平様《ひらざま》、殿付《とのづ》け等の区別ありて、決してこれを変ずべからず。また言葉の称呼《しょうこ》に、長少の別なく子供までも、上士の者が下士に対して貴様《きさま》といえば、下士は上士に向《むか》ってあなたといい、来《き》やれといえば御《お》いでなさいといい、足軽が平士《ひらざむらい》に対し、徒士《かち》が大臣《たいしん》に対しては、直《ただち》にその名をいうを許さず、一様に旦那《だんな》様《さま》と呼《よび》て、その交際は正《まさ》しく主僕の間のごとし。また上士の家には玄関敷台を構えて、下士にはこれを許さず。上士は騎馬《きば》し、下士は徒歩《とほ》し、上士には猪狩川《ししがりかわ》狩《がり》の権を与えて、下士にはこれを許さず。しかのみならず文学は下士の分にあらずとて、表向《おもてむき》の願を以て他国に遊学《ゆうがく》するを許さざりしこともあり。

これ等《ら》の件々は逐一計《ちくいちかぞ》うるに暇《いとま》あらず。到底《とうてい》上下両等の士族は各《おのおの》その等類の内に些少《さしよう》の分別《ぶんべつ》ありといえども、動かすべからざるものに非ず。独《ひと》り上等と下等との大分界《だいぶんかい》に至《いたり》ては、ほとんど人為《じんい》のものとは思われず、天然の定則のごとくにして、これを怪《あや》しむ者あることなし。（権利を異にす）

（後略）

〔旧藩情、福沢諭吉『明治十年丁丑公論・瘠我慢の説』（講談社学術文庫）所収〕

八六

寛永二十未年二月

一　諸物頭依　召登　城、近年御旗本之面々、進退不罷成者有之様ニ被　聞召之、先年黄金御知行等被下置之処、如此之段如何様之子細ニ候哉、以書付可申上之由、依　上意老中相伝之、

〔御触書寛保集成一六七九〕

八七

寛永二十未年二月

一　御小性組、御書院番、大御番右之面々此以前御金被下之（三）、或御加増或御借金等被　仰付之処、進退不成之旨達　上聞、最前雖為　御重恩、右之仕合不届ニ被　思召之間、向後無其品進退於不成は、御穿鑿之上可被行曲事之旨、堀田加賀守、松平伊豆守、阿部豊後守、阿部対馬守、朽木民部少輔列座有之て、右之頭中え伝　上意之趣、其後彼組中之面々列候之席え三輩出座有て、右之通、相伝伊豆守畢、

〔御触書集成一六八〇〕

八八

慶安元子年十一月

一 御旗本切米之面々幷徒、同心之切米、入念悪米不渡之様ニと被 仰出、御蔵衆え此由可相伝之旨、酒井紀伊守、曾根源左衛門ニ被申渡之、幷切米取之頭中え此段可相伝之旨 上意也云々

〔御触書寛保集成一六八一〕

八九

一、御目見以上之家筋にても、小高之御普請、家内多人数、借財多にて、取続にも差支、出勤も仕兼候向者、組支配屋敷内江引取置、扶持方日用之雑費贈り遣し候事ニて、当人者何れも内職を致し候て、其日を送り候族も有之候、尤内職は、手広き事にて、種々之手業等を仕候へとも、全く町人共之手に附候も同様にて、躰を失ひ候事共にて、公儀之御外聞ニも拘り、恐入候儀に御座候、然る所甲冑之制作なとは、武家心懸之廉にも御座候得とも、此節柄製作を内職に仕候て、相応之品も出来仕候節ハ、御世話も御座候て、御用にも相成候者は、人々相励ミ出精仕候ハヽ、世上之甲冑も数多く可相成御事にて、其外刀鍛冶鉄砲鍛冶都て兵器類は、内職なから武備之一助にも相成候間、可然御事哉ニ奉存候、

〔小普請組井上三郎右衛門上書、大日本古文書　幕末外国関係文書之一、三三九〕

九〇

上略

能々其人の素性人品等も撰ミ、才智之程も試ミ、実家之分限をも計り候上にて取極可申《ス》処、左はなくして、先初発相談に高何程故持参金何程と申ふらし、相談に取掛り候節は、金高さへ承知候得者、（中略）表向願計急養子抔と申拵、内々は家督を売る様、下々にて株を売と申も同断之事、（中略）甚敷は実子を廃し、養子を願ひ、或は次男厄介を隠し置て、他養子を願ふ類数しれず、（中略）当時は急養子直家督抔申ハ、百俵百金千石千両と定り候様にて候得者、富有のもの丶次男厄介ならては参り兼候、

〔幕臣（?）山本元七郎上書別紙（?）、大日本古文書　幕末外国関係文書之一、三四一〕

九一

御旗本小身之者実子無ク之養子致候節者、先祖以来之家を譲り候儀ニ候得者、入躰第一相撰可申処、当時之流弊ニ而、土産金高並与歟名付、現在養子者高百石ニ付金五拾両、急養子は高百石ニ付七八十両より百両位迄ニ而相談取極候由、全ク軽き御家人抔之株之売買同様ニ御座候、

〔小普請組井上三郎右衛門上書、大日本古文書　幕末外国関係文書之一、二五七〕

九二

寛永元子年三月

侍屋敷間数之定

江戸御城下侍屋敷之間数を被定

一　壱万石より四千石迄　五拾間四方
一　六千石より四千石迄　四拾間四方
一　三千五百石より千六百石迄　三拾間四拾間
一　弐千五百石より千六百石迄　三拾三間四方
一　千五百石より八百石迄　三拾間四方
一　七百石より四百石迄　弐拾五間三拾間
一　三百石より弐百石迄　弐拾間三拾間

寛永元年三月日

〔徳川禁令考二三四二〕

九三

【前田】本国尾張

加賀中将斉広卿

大廊下

享和二戌三月　家督

正四位　享和二戌六月被任

御内室　尾張大納言宗睦卿御養女

参府　子寅辰午申戌　三月

献上　銀五十枚　巻物二十

御暇　丑卯巳未酉亥　三月

拝領　銀百枚　巻物卅　御馬　御鷹

参府御暇之節上使御老中

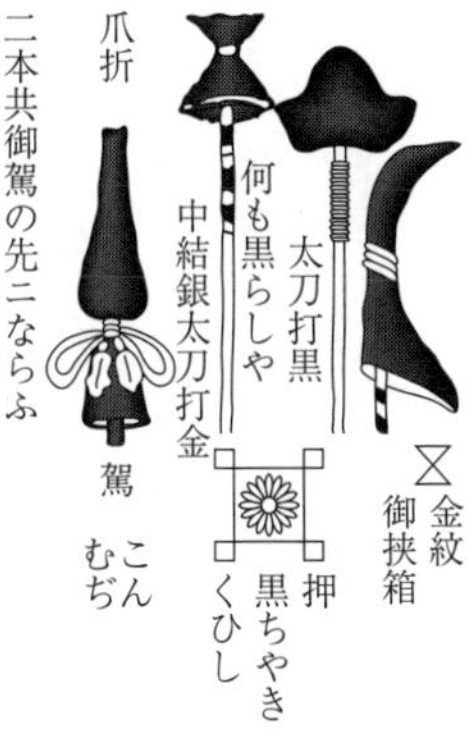

御嫡松平裕次郎

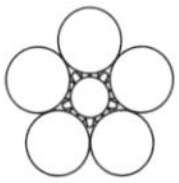

御内室　紀伊中納言治宝卿御息女

〔時献上〕正月三日御盃台　正月七日寒塩鯛　二月生絹　三月鱈筋紐海苔
四月鰤筋海雲　同月生御肴領国之初鯖　五月福野干瓢鯖腸　同月串海
鼠紅葉海苔　暑中葛粉蕨粉　六月輪島索麪鯖子鰍筋清水米干狗脊　七月
六日鯖代黄金五郎丸布串海鼠　帰国御礼絹二種一荷干鱈紅葉海苔　八月
鰍筋　九月島海苔干狗脊麹漬蛸初鮭　同月御茶鯛　十月大奉書御手綱象
眼鐙右三品之内一品宛年替ニ献上　同月初鰤初鱈十一月御鷹鴨塩鮎沢野
午蒡　寒中鱈筋串海鼠十二月松百鮓　右之外月次之献上廿三品之内出来

纏

宜を代ル〳〵献上

○上　本郷五町目　大手ヨリ三十二町
○中　染井
○下　深川　板はし
大徳寺派　下谷　円満山広徳寺

前田土佐守　長甲斐守　奥村河内守　本多安房守　前田伊勢守　村井又兵衛　横山山城　奥村左京　前田内匠之助　今枝内記　津田玄蕃　前田図書　前田織江　不破彦三　西尾隼人　横山又五郎
〔用人〕庄田要人　安達弥兵衛　水越八郎左衛門　津田権五郎
〔御城使〕恒川七兵衛　岩田源左衛門　大地縫左衛門　牧昌左衛門
〔添役〕成瀬監物　横浜善左衛門　関屋中務
・百二万二千七百石　居城加州石川郡金沢
・江戸ヨリ東海道百五十一里余北陸道百十九里余東山道百六十里余

・城主加賀大納言利家同中納言利長加賀能登越中代々領之慶長五加州小松城主丹羽五郎左衛門長重十五万石同大聖寺城主山口玄蕃頭七万石所領一円賜利長小松中納言利常同少将光高代十万石淡路守利次七万石飛騨守利治配分当主加賀中将斉広卿

〔年編江戸武鑑、文化武鑑一　大名編、文化元年、巻之一〕

九四

【御老中】

御用番一人宛

御用番月御対客御定式日

三日五日七日十一日十三日十八日廿一日廿三日廿五日

戸田采女正氏教

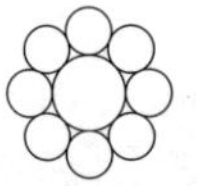

従四位侍従　御勝手御用懸

十万石

〈御側御用人〉

寛政二　十一月ヨリ

○辰ノ口南角

毎月御対客日　五日廿三日

同御逢日　三日七日十一日十八日廿五日

〔取次〕（頭取）正木団之進　黒

川権右衛門（助役）津田十右衛門／細井儀太夫　高田勝之進　桜井助之丞　忍千蔵　嶋川与右衛門　松井安兵衛／中山武兵衛　向坂伝蔵　竹中谷右衛門

〔年編江戸武鑑、文化武鑑二　役職編、文化元年、巻之三〕

近世武家史料抄

2008 年 9 月 30 日　第 1 版第 1 刷発行

編　者 — 北　原　章　男
発行者 — 大　野　俊　郎
印刷所 — 新　灯　印　刷 ㈱
製本所 — 渡　邊　製　本 ㈱
発行所 — 八千代出版株式会社

〒 101-0061　東京都千代田区三崎町 2-2-13

TEL　03-3262-0420
FAX　03-3237-0723
振替　00190-4-168060

ISBN978-4-8429-1461-9